游遍亭塔楼阁

本书编写组◎编

YOUBIAN TINGTA LOUGE

世界图书出版公司

广州·北京·上海·西安

U0721608

图书在版编目（CIP）数据

游遍亭塔楼阁／《游遍亭塔楼阁》编写组编 . —广
州：广东世界图书出版公司，2011.1 （2024.2 重印）
ISBN 978 - 7 - 5100 - 3204 - 2

Ⅰ. ①游… Ⅱ. ①游… Ⅲ. ①亭 - 名胜古迹 - 简介 -
中国②楼阁 - 名胜古迹 - 简介 - 中国 Ⅳ. ①K928.74

中国版本图书馆 CIP 数据核字（2011）第 007695 号

书　　名	游遍亭塔楼阁	
	YOUBIAN TINGTA LOUGE	
编　　者	《游遍亭塔楼阁》编委会	
责任编辑	王　红	
装帧设计	三棵树设计工作组	
出版发行	世界图书出版有限公司　世界图书出版广东有限公司	
地　　址	广州市海珠区新港西路大江冲 25 号	
邮　　编	510300	
电　　话	020-84452179	
网　　址	http://www.gdst.com.cn	
邮　　箱	wpc_gdst@163.com	
经　　销	新华书店	
印　　刷	唐山富达印务有限公司	
开　　本	787mm×1092mm　1/16	
印　　张	13	
字　　数	160 千字	
版　　次	2010 年 11 月第 1 版　2024 年 2 月第 10 次印刷	
国际书号	ISBN　978-7-5100-3204-2	
定　　价	59.80 元	

版权所有　翻印必究
（如有印装错误，请与出版社联系）

前　言

我国有着悠久的历史，上下五千年的文明给我们留下了许多经典之作，其中就有亭、塔、楼、阁。

亭本是古代设在路旁的公房，供旅客休息的地方，一般为开敞性结构。随着园林艺术的发展，亭不单单只供行人歇脚之用了，而增加了观赏价值，因此，亭在形式上变得越来越多样、越来越美观。

塔是供奉或收藏佛舍利（佛骨）、佛像、佛经或僧人遗体等的高耸型点式建筑。它起源于古代印度，随着佛教的传入及兴起，佛塔这种建筑也开始在我国兴起，并与我国阁楼建筑相结合，产生了各种各样的塔。

楼与阁是我国传统的建筑形式，先秦时代就已经出现。最开初楼与阁有所区别，楼指重屋，多狭长而修曲；阁指下部架空、底层高悬的建筑。后来渐渐互通，构架形式也越来越丰富。

这本《游遍亭塔楼阁》可以让我们见识到各种各样的亭、塔、楼、阁，丰富我们的知识面，为祖国拥有如此之多的古代遗迹而自豪、欣慰。

目 录

游·遍·亭·塔·楼·阁

YOU BIAN TING TA LOU GE

游·遍·亭·塔·楼·阁

YOU BIAN TING TA LOU GE

安徽省

醉翁亭

　　醉翁亭，坐落在安徽省滁州市西南琅琊山麓，与北京陶然亭、长沙爱晚亭、杭州湖心亭并称"中国四大名亭"。

　　据《琅琊山志》记载，北宋庆历六年（1046 年），欧阳修被贬为滁州太守，感怀时世，寄情山水，到琅琊寺游玩时，结识了住持僧智仙和尚，并很快成为了知音。智仙为了便于欧阳修游玩，特在山麓建造了一座小亭，欧阳修亲为作记，这就是传世之作《醉翁亭记》。此后，欧阳修常同朋友到亭中游乐饮酒，"太守与客来饮于此，饮少辄醉，而年又最高，故自号曰醉翁也。"醉翁亭因此而闻名遐迩，被誉为"天下第一亭"。欧阳修不仅在此饮酒，也常在此办公。有诗赞曰："为政风流乐岁丰，每将公事了亭中"。

　　醉翁亭初建时只有一座亭子，北宋末年，知州唐俗在其旁建同醉亭。到了明代，开始兴盛起来。相传当时房屋已建到"数百柱"，可惜后来多次遭到破坏。清代咸丰年间，整个庭园成为一片瓦砾。直到光绪七年（公元 1881 年），全椒观察使薛时雨主持重修，才使醉翁亭恢复了原样。

　　醉翁亭数百年来虽然历遭变劫，但因欧阳修及其《醉翁亭记》

终不为人所忘，正如醉翁亭中一副对联所言："翁去八百载，醉乡犹在；山行六七里，亭影不孤。"

醉翁亭小巧独特，具有江南亭台特色。它依山傍水，幽雅而宁静。亭中新塑的欧阳修立像，神态安详。亭旁有一巨石，上刻圆底篆体"醉翁亭"三字。

现在的醉翁亭，已不再是一座孤单的凉亭。总面积虽不到1000平方米，四面环山的亭园却内有九院七亭，布局紧凑别致，亭台小巧独特，具有江南园林特色。其中醉翁亭、宝宋斋、冯公祠、古梅亭、影香亭、意在亭、怡亭、览余台，风格各异，互不雷同，人称"醉翁九景"。

百鸟亭

百鸟亭，位于安徽屯溪区阳湖镇兖山村境内，在阳湖镇至兖山村和阳湖镇至光谷亭村的交叉路口处。

百鸟亭坐北朝南，砖木结构，亭基占地面积40平方米，石柱砖墙，飞檐斗拱。

相传，百鸟亭是明末亮宗天启年间兖山阉党为迎接魏忠贤来徽所建。后因为魏忠贤被伏诛，不得已在一夜之间改为庙，内塑关帝像。亭外悬有由百只麻雀图像组成笔画的"汉威远镇"四字匾额，因而命名为"百鸟亭"。

百鸟亭经过多次修葺，现为屯溪区重点文物保护单位。

沧浪亭

沧浪亭，位于江苏省苏州市城南三元坊附近，是世界文化遗产。

"沧浪亭"最初为五代时吴越国广陵王钱元璙近戚中吴军节度使孙承祐的池馆。宋代著名诗人苏舜钦以四万贯钱买下此地，进行修筑，傍水造亭，因感于屈原的"沧浪之水清兮，可以濯吾缨；沧浪之水浊兮，可以濯吾足"，故题名"沧浪亭"，自号沧浪翁，并作《沧浪亭记》。欧阳修应邀作《沧浪亭》长诗，诗中以"清风明月本无价，可惜只卖四万钱"题咏此事。自此，"沧浪亭"名声大振。

苏氏之后，沧浪亭几度荒废，南宋初年一度为抗金名将韩世忠的宅第。

清康熙三十五年（公元1696年）巡抚宋荦重建此园，把傍水亭子移建于山之巅，形成今天沧浪亭的布局基础，并以文征明隶书"沧浪亭"为匾额。清咸丰十年（公元1860年），毁于兵火。同治十二年（公元1873年）再次重建。

沧浪亭占地面积1万多平方米。园内由一泓清水贯穿，波光倒影，景象万千。亭四周环列有数百年树龄的高大乔木六株。亭上石额"沧浪亭"为俞樾所书。

石柱上刻有一副对联：清风明月本无价；近水远山皆有情。上联选自欧阳修的《沧浪亭》诗中"清风明月本无价，可惜只卖四万钱"句，下联出于苏舜钦《过苏州》诗中"绿杨白鹭俱自得，近水远山皆有情"句。

天寿寺大圣宝塔

天寿寺大圣宝塔，位于安徽省广德县桃州镇，原在天寿寺内，现在寺毁塔存。

大圣宝塔始建于北宋太平兴国四年（公元 979 年），当时建五层。

北宋元符二年（公元 1099 年）被焚，于崇宁四年（公元 1105 年）重建完成，增添两层，成为七层塔。

南宋建炎三年（公元 1129 年），塔的各层飞檐被毁于战火。明万历三十年（公元 1602 年）、清康熙七年（公元 1668 年）先后对其重修。

光绪二十六年（公元 1900 年）重阳节观音庙会时，因放爆竹起火，严重被毁，仅存砖体塔身。1984 年 7 月至 1986 年 4 月进行了全面修缮，恢复了昔日光景。

现在的大圣宝塔为六角七层砖木混合式楼阁塔，高约四十米。青石塔基，基座一米多高。塔底层外边长约五米，塔壁一米多厚。每层海面中央开设壶门，一到五层门道顶部为八角藻井，六、七层为拱顶，二到七层壶门两侧设假直棂窗。底层正东、东南、东北三面门，互通，方便出入，正西、西南、西北三门沿内壁封闭。塔外各层转角均设扇形倚柱，各层腰檐设砖制斗拱。塔内为空筒式，设有扶手板梯，每层楼面均以方砖铺砌。

1983 年 12 月，在塔基地宫内出土一方石碑，确切记载了塔的原名和建塔经过。

太白楼

太白楼，位于安徽马鞍山市采石矶西南一公里处，面临长江，背依翠螺山，是一座金碧辉煌、宏伟壮丽的古建筑，与湖南的岳阳楼、湖北的黄鹤楼、江西的滕王阁并称"长江三楼一阁"，素有"风月江天贮一楼"之称。

太白楼原名"谪仙楼"。据旧志载，始建于唐元和年间（公元806~820年），其他的因记载过简，不得而知。

目前能够确认较早的兴建时间为明正统五年（公元1440年），工部右侍郎周枕命广济寺僧在修惠于寺前建清风亭的同时，在寺前建谪仙楼，将太白像祭祀于楼上。清康熙元年，太平知府胡季瀛重建之，易名为"太白楼"，又将神霄宫旁的李白祠移建于此，形成了楼阁和壁的格局。咸丰年间，被毁于战火。

现存太白楼系光绪三年兵部右侍郎彭玉麟捐资重建。

太白楼高18米，长34米，宽17米，主楼三层，一层为厅，二层为楼，三层为阁。前后分两院，前为太白楼，后为太白祠。主楼底层由青石垒砌，二、三层系木质结构，飞檐镶以金色剪边，歇山屋面铺设黄色琉璃瓦，饰物有鳌鱼走兽，造型古朴典雅，挺拔壮观，给人以肃穆庄重之感。

太白楼大门门额上蓝底金书"唐李公青莲祠"，门两侧蹲一对石狮，雕刻精细，形态活泼。进门两壁的回廊嵌有清代重建纪事及李白生平碑刻。三楼檐下高悬郭沫若所写的"太白楼"匾额，字体遒劲。沿楼内木梯上三楼，推窗远眺，但见长江如练，白帆点点。

新中国成立后，太白楼几经周折修葺，面貌一新，在1956年，被列为安徽省重点文物保护单位。

谢朓楼

谢朓楼，位于安徽宣城市区中心陵阳山颠，是一座文化名楼。

谢朓楼始建于南齐建武年间（公元494—496年）。当时，谢朓出任宣城太守，在此地建了一楼，取名为"高斋"。楼后废。唐初，宣城人为怀念谢朓，在"高斋"旧址上，新建了一楼，因楼位于郡治之北，取名"北楼"，又因该楼建成时，敬亭山已经扬名，登楼可眺望敬亭山，故又称为"北望楼"。

唐代伟大诗人李白曾多次来宣城，登楼凭吊，赋诗抒怀，所作《秋季登宣城谢朓北楼》，脍炙人口，千古传唱。

诗曰："江城如画里，山晚望晴空。两水夹明镜，双桥落彩虹。人烟寒橘柚，秋色老梧桐。谁念北楼上，临风怀谢公。"由于这首诗广为传颂，故该楼又被称为"谢公楼"、"谢朓楼"。

唐咸通末年（公元874年），御史中丞兼宣州刺史独孤霖改建北楼，因其地势高且险，崖叠如嶂，故题名"叠嶂楼"。明嘉靖年间（公元1522～1566年），知府方逢时重修，复名"高斋"。清康熙四十年（公元1701年），知府许廷式重新修葺，并说："叠嶂之名以地命也，谢公之称以人传也。北楼为古今所共知，而人而地并在其中矣。"遂题名曰："古北楼"。

清光绪元年（公元1875年），知府鲁一贞再次重修。修整后的北楼分上下两层，上圆下方，全木结构，顶盖琉璃瓦，四边飞檐翘角。上层题额曰"叠嶂楼"，围以木栏杆，下层题为"谢朓楼"，四方置屏风门。楼基周围有历代诗文碑刻和修楼碑记。

1937 年，抗日战争时期，谢朓楼被日机炸毁。

1987 年在宣州市第九届人民代表大会上，18 名人大代表联名提出重建谢朓楼；1990 年市长常务会正式通过重建谢朓楼的决议；1997 年 8 月 8 日破土动工，翌年竣工。

1998 年 5 月，谢朓楼遗址被列为省级文物保护单位。

谢朓楼遗址为一座高六米、面积 1500 平方米的高台。为保护谢朓楼遗址，划定的保护范围是遗址基座四周各 50 米；划定的建设控制地带是保护范围之外向南 100 米，向西 80 米，向东、北各 50 米。

花戏楼

花戏楼，位于安徽亳州城北关，涡水南岸，原名"大关帝庙"，又称"山陕会馆"。

据清乾隆三十二年（公元 1767 年）《重建大关帝庙碑记》称：亳州北关大关帝庙，建于国朝顺治十三年（公元 1656 年）。又乾隆四十一年碑记："关帝庙特华内极雕镂藻绘之工，游市廛者每瞻不能去。"

乾隆四十九年（公元 1784 年）《重修大关帝庙碑》记载："乾隆三十一年（1766 年）建新大殿，增置座楼，藻采歌台，固已极规模之宽敞，金碧之辉煌矣。"戏楼木雕及门墙砖雕，据考可能始于乾隆三十一年（公元 1766 年）最迟不会晚于乾隆四十一年（公元 1776 年）。

花戏楼，因其上面雕刻的彩绘绚丽夺目而得名。据《创建戏楼题名》记载：花戏楼始建于建于康熙十五年（公元1676年）。

花戏楼座南面北，舞台前伸，形如"凸"状，四方翼角，加之屋面琉璃铺饰，金碧辉煌。舞台用六根立柱顶立，檐角之下立方柱六根，柱础雕有故事图案。舞台正中屏风透雕二龙戏珠，上悬匾额曰"清歌妙舞"，中间上下场门有二额"想当然"、"莫须有"。台前悬挂木对联曰"一曲阳春唤醒今古梦，两般面貌做尽忠奸情"。舞台两旁小台有二侧门，额上题"阳春"、"白雪"。舞台上方悬有藻井四围悬枋和徒垂莲。柱间有大枋，大枋与悬枋之间，悬有棚券，柱头悬狮垂鱼。枋之面外皆镶大木透雕，共有三国戏18出。藻井，梁枋之间布满彩绘，有戏文、人物、花鸟、山水等，还有各种图案。

1956年，花戏楼经安徽省人民政府批准公布为省重点文物保护单位。

1988年，花戏楼，被国务院公布为全国重点文物保护单位。

安徽文昌阁

安徽文昌阁，位于安徽歙县溪头乡蓝田村外。

安徽文昌阁始建于清乾隆二十二年（公元1757年），是载入《中国人名大字典》的著名盐商叶天赐首倡集资建造的，以资助贫寒子弟在此念书。

安徽文昌阁为两层亭台式，石砌基脚高约3米，周径约11米，偏长方形。亭阁主体高12米，四周为回廊，葫芦顶直刺苍穹。阁梁描金，檐托莲花型，美轮美奂，八只鳄鱼尾翘角上下呼应。登斜梯，到二层如凌山顶，远峰近水，一览无余。阁北悬有"览胜"一匾，为建塔之年歙县翰林许承尧手书。

宝纶阁

　　宝纶阁，位于安徽徽州区呈坎村，距屯溪二十六公里，是安徽省迄今保留明代彩画及祠堂最完整的一组家庙建筑。

　　宝纶阁始建于明万历间（公元1573—1620年），曾任御史、大理寺丞、保定巡抚等职的呈坎人——罗应鹤，因政绩显著，常得到皇帝御赐之物，罗氏为尊供圣旨和收藏御赐珍品，特修此阁，取名"宝纶"。

　　宝纶阁共11开间，台基比前堂高两米，有石台阶拾级而上；面宽29米，进深十米，寝殿高约8米，阁高约五米，台基高一米多；十根方形石柱沿廊并列，形制宏伟宽敞；梁柱、斗柱的做法，颇具特色；寝殿梁架上的彩绘，图案为民间包袱式，构图大方，色彩鲜艳，寓庄重于雅丽，是国内罕见的民间彩绘珍品；石栏上刻鸟兽图案，檐柱和金柱上为镂云卷花浪；金檐下饰以浮雕花带。阁上有楼，前檐高悬明万历歙县人吴士鸿书写的"宝纶阁"匾额。

　　现宝纶阁为省文物保护单位。

北京市

浮碧亭

浮碧亭，位于紫禁城御花园的东北。

浮碧亭始建于明万历十一年（公元 1583 年），清雍正十年（公元 1732 年）添建前檐抱厦。

浮碧亭和抱厦顶均为绿琉璃瓦黄剪边，攒尖顶上安琉璃宝顶。一斗二升交蔴叶斗栱，檐枋下安华板，方柱。亭东西两侧为石雕栏板，同时也是桥的栏板，南北两面在石栏板中间设两步台阶为亭的出入口。亭内天花正中有双龙戏珠、八方藻井，周围为百花图案天花，檐下苏式彩画。

浮碧亭呈平面方形，三开间，通面阔约 8 米，前出抱厦，下有东西长的矩形水池，池上横跨单券洞石桥，亭坐落于桥上。

陶然亭

陶然亭，位于北京陶然亭公园内，与安徽醉翁亭、长沙爱晚亭、杭州湖心亭并称为"中国四大历史名亭"。

清康熙三十四年（1695年）监管窑厂的工部侍郎江藻在慈悲庵内建亭，并取唐代诗人白居易"更待菊黄家酿熟，与君一醉一陶然"诗意，为亭题名"陶然"。

慈悲庵始创于元代，又称"观音庵"。

陶然亭颇受文人墨客的青睐，被誉为"周侯藉卉之所，右军修禊之地"，更是全国各地来京的文人的必游之地。清代两百余年间，此亭盛名长久不衰，成为都中一胜。

陶然亭面阔三间，进深一间半，面积九十平方米。亭上有苏式彩绘，屋内梁栋饰有山水花鸟彩画。两根大梁上绘《彩菊》、《八仙过海》、《太白醉酒》、《刘海戏金蟾》等故事图案。

陶然亭上有三大匾：一是建亭人江藻亲笔题写；一是取齐白石《西江月·重上陶然亭望西山》词；还有一块是郭沫若题"陶然亭公园"门额中字。

东向门柱上悬挂林则徐书写的一副对联：似闻陶令开三径，来与弥陀共一龛。旧联已不存，现在的楹联是由当代书法家黄苗子重书。亭间分别悬挂现代书法家康雍书写的"慧眼光中，开半亩红莲碧沼；烟花象外，坐一堂白月清风"和翁方纲所撰、光绪年间慈悲庵主持僧静明请光绪皇帝的老师翁同和重写的"烟藏古寺无人到，榻倚深堂有月来"。

陶然亭的南北墙上有四方石刻：一是江藻撰写的《陶然吟》引并跋；一是江皋撰写的《陶然亭记》；一是谭嗣同著《城南思旧铭》并序；还有就是王昶写的《邀同竹君编修陶然亭小集》。

禊赏亭

禊赏亭，位于北京宁寿宫花园第一进院落西侧。

禊赏亭建于清乾隆三十七年（公元 1772 年）。

禊赏亭坐西面东，坐落于须弥座平台上，面阔三间，进深三间，前出抱厦，平面呈凸形，歇山式顶，中间为四角攒尖琉璃宝顶，黄琉璃瓦绿剪边，檐下饰以苏式彩画。明间后设黑漆云龙屏门，挡住了亭后的高墙，有延伸花园西进之感。

禊赏亭抱厦内地面凿石为渠，渠长 27 米，婉曲盘折，取"曲水流觞"之意，称"流杯渠"。渠水来自亭南侧假山后掩蔽的水井，汲水入缸，经假山内暗渠流入渠内。

禊赏亭内外装修均饰竹纹，以象征王羲之兰亭修禊时"茂林修竹"之环境。亭前垒砌具有亭园情趣的山石踏步，亭檐下以刻有竹纹的汉白玉栏板围护，渲染了幽雅闲适的意境。

北海白塔

北海白塔，位于北京市西城区北海公园内。

北海白塔建于清顺治八年（公元 1651 年），是在广寒殿旧址上建立起来的，塔前建白塔寺（即今永安寺）。

北海白塔为覆钵式喇嘛塔，砖石结构，高约 36 米，由塔基、塔身、塔刹三部分组成。塔基为高大石砌须弥座，呈十字折角形；须弥座上为覆钵式塔身，正面辟一壶门式眼光门，上刻梵文咒语；覆钵上置塔刹，刹座为一小型须弥座，俗称"塔脖子"；座上为十三重相轮，组成"十三天"刹身；刹身上覆宝盖，刹顶冠以仰月、宝珠。

白塔为空心塔，塔身辟有 306 个通风口。塔内一根通天柱，高二十几米，柱顶置一金盒，内藏两颗舍利。塔内还藏有佛龛、供桌、喇嘛经文、衣钵、佛教法物等物品。

妙应寺白塔

妙应寺白塔，位于北京市西城区阜城门内大街路北妙应寺内，是我国现存的元代最早、最大的一座藏式佛塔。

妙应寺创建于辽寿昌二年（公元 1096 年），并建有一塔，将舍利、戒珠、香泥小塔、陀罗尼经文等物品藏于塔内。

至元八年（公元 1271 年），元世祖忽必烈毁旧塔，新建了一座大型喇嘛塔，即现在的妙应寺白塔，历时八年竣工，并迎释迦佛舍利藏于塔中。

妙应寺白塔塔院门额题"敕建释迦舍利灵通宝塔院"，塔院以红墙围成一个单独院落，四角各建一座角亭。

妙应寺白塔为喇嘛式塔，是佛塔原始形式窣堵波的代表作品。

白塔通高 50 多米，塔基底面积 810 平方米。基台共三层，下层平面呈方形，涂朱红色，台前设门，门前有台阶式横桥；基台的中上层为须弥座，平面呈"韭"字形，转角处有角柱，轮廓分明；上层须弥座上周匝放有铁灯龛，在须弥座式基台上，用砖砌筑并雕出巨大的莲瓣，外涂白灰，塑饰成形体雄浑的巨型莲座，莲座上由五条环带承托塔身。

妙应寺白塔塔身是一个巨大的覆钵，直径约十九米，形如宝瓶，也称"塔肚子"，似倒置的陶钵，外形粗壮，轮廓呈圆形，环绕有七条铁箍。覆钵之上是塔刹，刹座呈须弥座式，座上竖立着下大上小的刹身。刹身为砖砌相轮"十三天"；"十三天"之上置巨大的铜制宝盖，也称华盖。华盖四周悬挂三十六副铜质透雕的佛像、佛字及风铎，状若流苏。华盖之上是刹顶，是一座铜制小喇嘛塔。

白塔刹顶的小喇嘛塔内珍藏着乾隆十八年（公元1753年）为饰白塔敬装的《大藏经》、木雕观音像、补花袈裟、五佛冠、乾隆手书《波罗密多心经》、藏文《尊胜咒》等珍贵文物，还保存了一则元代题刻，这些都是研究此塔的重要史料。

1961年，妙应寺白塔，由国务院公布为全国重点文物保护单位。

天宁寺塔

天宁寺塔，位于北京市宣武区广安门外天宁寺内，是北京现存年代较早、体量较大的一座古塔。

天宁寺始建于北魏孝文帝时期（公元471—475年），初名为"光林寺"，是北京创建年代最早的庙宇之一。

天宁寺塔，又名"天王寺舍利塔"，始建于辽天庆九年至十年（公元1119—1120年），由秦晋国王耶律淳奉旨建造，塔高约63米。此后，历代都有修缮。

天宁寺塔的结构和形状以及大部分雕饰为辽代原物，只是塔顶上原为辽代通用的相轮火珠式铁刹，在乾隆二十一年（公元1756年）大修后改为了砖宝顶。

天宁寺塔为实心砖塔，平面呈八角形，高约58米，内外均无梯级可以登攀。塔下部是一个高大的须弥座式塔座，须弥座下的束腰部分雕刻壶门花饰，转角处有浮雕像，其上又雕刻壶门浮雕束腰一道，最上部雕刻有一周具有栏杆、斗拱等构件的平座。须弥座上刻有三层巨大的仰莲瓣，承托第一层塔身。

天宁寺塔第一层塔身四面有拱门及浮雕像；第一层塔身之上造密檐13层，塔檐紧密相叠，不设门窗，几乎看不出塔层高度。塔刹现为砖刻双层八角仰莲、上置须弥座，以承托宝珠。

1976年唐山大地震波及北京，塔顶宝珠被震碎，所幸整个塔身尚且完好。

1988年，天宁寺塔，由国务院公布为全国重点文物保护单位。

万松老人塔

万松老人塔，位于北京市西城区西四南大街砖塔胡同。

万松老人塔始建于元代，是为纪念一位名僧——万松老人而建的。至今已有六百余年，经历过明万历三十三年（公元1605年）、清乾隆十八年（公元1753年）和1927年的多次重修。

万松老人塔坐落在一处塔院中，塔院东西长14米，南北宽7米。形制是辽金时期的密檐式砖塔，有八角九层，高约16米。

八里庄慈寿寺塔

游·遍·亭·塔·楼·阁

YOU BIAN TING TA LOU GE

八里庄慈寿寺塔，位于北京市海淀区八里庄原慈寿寺内。

慈寿寺始建于明万历四年（公元 1576 年），是万历皇帝为其母慈圣皇太后所建。清光绪年间（公元 1875—1908 年）寺毁，仅塔留存。

慈寿寺塔，原名"永安万寿塔"，因在慈寿寺中，故塔以寺得名。

慈寿寺塔虽然仿广安门外天宁寺塔而建，但规模更宏大。

慈寿寺塔是 8 角 13 层密檐式实心砖塔，基座以砖砌筑须弥座形式，雕刻出佛、飞天、金刚力士、壶门、八宝、仰莲等装饰。在须弥座的上部雕刻的笙、箫、琴、瑟、云板、铜锣、鼓、笛等乐器，形象逼真，雕工精细，反映出明代乐器的丰富多样。

慈寿寺塔的第一层塔身四正面辟有假门，其余四面雕饰盲窗。门拱券面上雕出云龙图案，门的两旁置木质金刚塑像。窗上饰小佛坐像，坐像下承以云朵，窗两旁雕菩萨侍立像，南面的门券上嵌石刻横额"永安万寿塔"，塔身的八面转角处用砖砌出浮雕盘龙圆柱；塔身以上置密檐 13 层，塔刹以仰莲座承托巨大宝珠，与天宁寺塔塔刹相似。

通州燃灯塔

通州燃灯塔，位于北京市通州区古城北部大运河西岸，又称"燃灯佛舍利塔"。

燃灯塔始建于南北朝时北周年间（公元557—558年）。清康熙十八年（公元1679年），平谷、三河大地震波及通州，塔身倾圮。康熙三十五年（公元1696年）重修。1900年，八国联军占领通州，塔被破坏。1976年，唐山大地震再次波及通州，燃灯塔受损。1985年重修。

燃灯塔为8角13层密檐式实心塔，砖木结构，高56米。塔的下部是高大的须弥座式基座，束腰部分雕刻着人物和各种图案花纹，非常精细生动。须弥座上的第一层塔身很高，东、南、西、北四正面各辟一门，南门深约两米，其他三面均为假门。塔身另外四侧辟直棂盲窗。

燃灯塔第一层塔身以上施密檐13层，檐下施砖斗拱，檐子的椽飞为木制，为辽金斗拱塔檐的一般做法。每层檐角都悬有铜制风铃，共2200多枚。塔刹用金属制作，塔顶原有一棵自生的榆树，主干17厘米，为保护古塔，1985年重修时将其移植到了平地。

燃灯塔顶层有一块砖制碑记，其中有"时赖周唐人建立，大清复整又重新"的诗句，燃灯塔始建于北周之说由此而来。

白云观罗公塔

白云观罗公塔，位于北京市西城区广安门外白云观内。

白云观是中国北方第一大道观，创建于唐开元二十七年（公元739年），至今已有一千两百多年的历史。原名"天长观"，金代改名"太极宫"，元代改为"长春宫"，明洪武二十七年（公元1394年）始名"白云观"。清初曾大规模重修，已成为当今道教中心。

罗公塔坐落在白云观后院，始建于清雍正三年（公元1725年），是一位名号"恬淡守一真人"的罗公之塔。罗公塔的形式似仿亭阁式，塔身全部用石头雕刻而成，有象征道教的八卦图案。塔高约十米，八角形。下为仰莲须弥座基台，上建塔身，塔身之上覆以三重檐屋顶。屋檐的椽子、飞头、瓦垄、脊兽、隔扇窗等都雕刻得与木结构一样。此外，罗公塔也吸收了蒙藏地区喇嘛教寺庙中常用的密叠斗拱。塔顶是小八角亭式，上冠大圆珠。

颐和园多宝琉璃塔

颐和园多宝琉璃塔，位于北京市海淀区颐和园万寿山。

颐和园是一座清代大型皇家园林，园中分布着点景建筑物百余座。

颐和园多宝琉璃塔原名"多宝佛塔"，建于清乾隆年间（公元

1736—1795 年），为旧"三山五园"中清漪园的遗物。塔前石幢上镌刻乾隆皇帝所书"万寿山多宝佛塔颂"，原坐落于塔旁的花承阁，被 1860 年侵入北京的英法联军毁坏，现仅存阁下的团城砖台遗址。

多宝琉璃塔是楼阁式与密檐式相结合的八面实心塔，塔高 16 米。塔的下部三层塔身较高，仿楼阁式，每层施重檐。在三层楼阁式塔身的北、东、南、西四正面正中各有一拱券形佛龛，龛中有琉璃佛像。大龛周围和塔身四侧布满了一排排小型佛龛，龛中塑有坐式佛像，共有佛像 580 尊。

万佛堂花塔

万佛堂花塔，位于北京市房山区云蒙山南麓河北镇万佛堂村西北。

万佛堂始建于唐代宗大历五年（公元 770 年），原名"龙泉大力禅寺"，寺名为唐代宗御赐。建寺的同时雕凿了巨幅汉白玉浮雕"文殊、普贤万菩萨法会图"，嵌于孔水洞上端石崖上。后来寺院毁损，明代重建，并在孔水洞上的山崖上重建大力万佛龙泉宝殿，将"文殊、普贤万菩萨法会图"全图组嵌于殿内后壁和两侧山墙上，故俗称"万佛堂"。

孔水洞位于万佛堂下方，是一个岩溶洞穴，洞内有泉，水势汹涌，可乘舟驶入，洞壁尚存隋唐时期的刻经和雕像。万佛堂、孔水洞两侧各有一塔，右为八角七层的密檐式塔，是元代建造的"龄公和尚舍利塔"，通高约 18 米；左为花塔，即万佛堂花塔。

万佛堂花塔平面呈八角形，单层亭阁式，以砖砌筑，通高约 30

米。塔下部的须弥座上部雕制有斗拱和平座栏杆。塔身四正面设券拱门，门两旁和顶部刻出佛、菩萨及天王力士像。其余四面用砖雕出直棂窗。

万佛堂花塔的第一层塔身出挑斗拱以承托塔檐，塔檐上有斗拱平座，用以承托巨大的圆形花束塔身。花束塔身用七层小塔龛和狮、象等动物形象装饰组成，最下层塔龛是两层方形亭阁式小塔，上面六层是单层亭阁小塔。塔顶冠以八角形小阁式塔刹。

万佛堂花塔属于早期花塔，修建年代应在公元 1070 年以前，距今已九百余年，是我国现存年代最早的花塔。

2001 年，万佛堂花塔，由国务院公布为全国重点文物保护单位。

长辛店镇岗塔

长辛店镇岗塔，位于北京市丰台区长辛店云岗村东的大土岗上。

长辛店镇岗塔的始建年代已无从考证，据其艺术造型及雕饰风格判断，应该是建于金代（公元 1115—1234 年），明嘉靖年间（公元 1522—1566 年）曾进行过修葺。

相传镇岗塔所在地是一条龙脉，时人唯恐龙脉被毁或逸迁，遂建塔以镇，塔由此而得名。

镇岗塔是一座砖结构的八角形实心塔，花塔形制，高十八米，底座每边三米，周长二十四米。基座上部以砖雕制出斗拱，拱眼壁上有盆花、兽头等精美古朴的浮雕。塔身东、南、西、北四面浮雕着菱花格子门，其余四面为直棂窗。塔身上挑出短檐，上置须弥座，座上承托七层佛龛，环绕组成巨大的锥形花束。第一层佛龛是重层楼阁式方塔，第二层以上均是单层亭式方塔。自第二层相轮以上，每面佛龛内端坐一尊佛像，排列整齐，这些佛像或双手合十、或两手上举、或一手平伸，神态庄严，形象生动。塔身之上为塔刹，相轮上覆八角形座，座上置巨大宝珠。

碧云寺金刚宝座塔

碧云寺金刚宝座塔，位于北京市海淀区碧云寺内。

碧云寺始建于元代，是耶律楚材后裔阿利吉"舍宅开山"所建，初名"碧云庵"。明正德年间（公元 1506—1521 年），太监于经加以扩建，并在庙后修造生圹，作为自己死后葬身之地，因此更名于寺。明天启三年（公元 1623 年），太监魏忠贤再次对碧云寺加以扩建，并将于经修建的墓穴据为己有，后于、魏二人先后获罪而死，未能下葬于此。清乾隆十三年（公元 1748 年），重修碧云寺，并根据西域僧人带来的图样，在明朝太监墓地上修建力量一座规模宏大的金刚宝座塔。

金刚宝座塔以汉白玉石砌筑，位于全寺最高点，坐西向东，通高约三十五米，是全国最高大的金刚宝座塔。塔前有一对石狮和两座牌坊，且建有两座重檐石制碑亭。碑亭内竖有清朝乾隆皇帝御制"碧云寺金刚宝座塔碑"，分别以满、汉、蒙、藏四种文字刻写。

金刚宝座塔分为三层，最底层是塔基。塔基上是用汉白玉石构成的金刚座中开券门，门上横额刻"灯在菩提"四字，入内可沿两侧石阶登至塔顶。出口处是一座方形石屋，屋左右各有一座覆钵式喇嘛塔，石屋与屋顶的五座小塔构成一个小型金刚宝座塔。石屋的正面开券门，门上额题"现舍利光"，内部设石供桌。石屋后面即为主塔，有五座十三层密檐方形石塔，塔顶均有铜铸塔刹。

金刚宝座塔是佛教密宗建筑，为尊奉金刚界五部的五方佛而造，这五座密檐式塔即代表着佛教密宗中的五方佛，中央代表毗卢遮那佛（大日如来）、东方代表阿闪佛（表觉性）、南方代表宝生佛（表福德）、西方代表阿弥陀佛（表智慧）、北方代表不空成就佛（表事业）。

整座金刚宝座塔从塔基至塔顶满布精美浮雕，有大小佛像、天王、力士、龙、凤、狮像以及云纹、梵花等，是乾隆年间（公元1736—1795 年）的石雕精品。

云居寺塔

云居寺塔，位于北京市房山区石经山下大石窝镇水头村云居寺内。

云居寺以藏有众多石刻佛经而闻名于世，始建于隋大业年间（公元605—618 年），由隋代高僧静琬法师所创建。相传静琬法师在刻成《大涅槃经》之夜，石经山曾大吼三声，长出香树30 余株。六月水涨，冲来千余根大木，汇集山下。于是，静琬取木建寺。

云居寺坐西朝东，依山而建，规模宏大，有"北京敦煌"之誉。云居寺历史悠久，佛舍利塔和高僧墓塔都很多。现存之塔，自唐、辽到明、清各代都有，分布于寺院周围的山冈和坡地上，有亭阁式、密檐式、覆钵式及组合式等多种类型的塔。

云居寺原有南北两塔，北塔规模最大，南塔毁于抗战时期日军

游·遍·亭·塔·楼·阁

YOU BIAN TING TA LOU GE

炮火之下。

北塔是一座砖塔，建于辽天庆年间（公元1111—1120年），原名"舍利塔"，又称"罗汉塔"。因塔身曾以红色涂饰，俗称"红塔"。

北塔的造型结合了楼阁式、覆钵式和金刚宝座式三种形式。全塔高约33米，下部是八角形须弥座，上建两层楼阁式塔身，每层檐下用砖雕仿木结构斗拱，四周辟有券拱门、直棂盲窗、佛龛浮雕，中间有八棱塔柱，塔柱周围设砖阶可上下登临。

静琬法师墓塔，又称"琬公塔"，原在云居寺北一里许水头村静琬塔院内，现迁移到了云居寺内。

静琬法师是云居寺开山的重要僧人，于隋代大业年间在云居寺发愿刻造佛经，开创了云居寺刻经的先河。此后，历唐、辽、金、明各代相继增刻，成为我国现存最为丰富的一处石经宝库。

静琬法师塔高约六米，与塔铭所记"高二丈余"相符，是一座八角三层密檐式石塔，方形须弥座，整座塔庄重典雅。塔身阴刻"开山琬公之塔"。

阅是楼

阅是楼，位于宁寿宫后区东路，在畅音阁大戏楼的北侧，为清宫观戏场所。

阅是楼于乾隆三十七年（公元1772年）建，嘉庆十三年（公元1808年）拆去月台，改安踏跺，二十三年拆东西配楼，改建厢廊。同治十三年（公元1874年）曾修整此楼。

阁是楼，坐北面南，单檐二层，卷棚歇山顶，上覆黄琉璃瓦，绿琉璃瓦剪边，绘金龙和玺彩画。楼面阔五间，进深三间，前出廊。下层明间开玻璃门三扇，次、稍间为槛墙、支摘窗，上支窗为双步步锦格心，下为玻璃窗。上层明间安槁扇六扇，次、稍间装修与下层相同。下层东西次间靠南窗均设有宝座床。

阁是楼东西辟门与两侧转角庑房相通，再与东西厢廊相连，经南部转角庑房可直达畅音阁南扮戏楼。

宝月楼

宝月楼的修建与乾隆皇帝的妃子——香妃有很大关系。

传说香妃入宫后，整日思念家乡，终日闷闷不乐，乾隆皇帝为了讨她欢心就建了这座带有回族风味的宝月楼，还在楼对面建了回营和清真寺等回人生活的街市，使得香妃登楼就可见到家乡景色。

宝月楼原本不与外界相通，直到民国初年袁世凯任大总统时，把中南海作为他的总统府，将宝月楼改建成了总统府大门，自此，"宝月楼"更名为"新华门"。从此，新华门取代西苑门成了中南海的正门。

畅音阁

畅音阁，位于故宫博物院内养性殿东侧，宁寿宫后区东路南端，为清宫内廷演戏楼，全称"故宫宁寿宫畅音阁大戏楼"，座南面北，建筑宏丽。

畅音阁始建于乾隆三十七年（公元 1772 年），乾隆四十一年（公元 1776 年）建成。嘉庆七年（公元 1802 年）曾维修，嘉庆二十二年（公元 1817 年）于阁后接盖卷棚顶扮戏楼。光绪十七年（公元 1891 年）维修。

畅音阁是紫禁城中最大的一座戏台，与京西颐和园内的德和园大戏楼、承德避暑山庄的清音阁大戏楼并称"清代三大戏楼"。

畅音阁三重檐，台基高 1 米多，通高 20 多米，总面积约七百平方米，卷棚歇山式顶，上覆绿琉璃瓦，黄琉璃瓦剪边，一、二层檐覆黄琉璃瓦。

畅音阁面阔三间，进深三间，与南边五开间扮戏楼相接，平面呈凸字形。上层檐下悬"畅音阁"匾，中层檐下悬"导和怡泰"匾，下层檐下悬"壶天宣豫"匾。

畅音阁内有上、中、下三层戏台，上层称"福台"，中层称"禄台"，下层称"寿台"。

寿台面积两百多平方米，台内不设立柱，采用抹角梁。台面后部设有四座楼梯，接平台，上楼梯可抵达禄台。寿台北、东、西三面明间的两柱上方装饰有鬼脸卷草纹木雕彩绘匾，正面挂联："动静叶清音，知水仁山随所会；春秋富佳日，凤歌鸾舞适其机。"取自左思《招隐诗》："何必丝与竹，山水有清音"。

禄台、福台则均将前沿作为台面，使观戏者抬头便可看到。

三层台设天井上下贯通，禄台、福台井口安设辘轳，下边直对寿台地井，根据剧情需要，天井、地井可升降演员、道具等，例如上演仙女、神仙下凡的戏目时，用辘轳把幕景和演员从上面送下来，造成从天而降的戏剧效果。地面四角各有窖井一眼，南边中间有一眼水井，可为戏中表演喷水提供水源。

文汇阁

文汇阁，一名"御书楼"，原在天宁寺西园。根据《扬州画舫录》记载，天宁寺西园一称御花园，正殿叫做大观堂，七大藏书楼之一的文汇阁就在大观堂旁。

文汇阁是一座三层楼的中国古典建筑，梁柱上彩绘书卷图案，是仿照浙江天一阁而建，正门上悬御书"东壁流辉"匾，最下一层藏《古今图书集成》一万卷，左右藏《四库全书》经部；二楼藏史部；三楼左藏子部，右藏集部。文汇阁毁于咸丰四年（公元1854年），存世仅70余年，是七大藏书楼（文渊阁、文源阁、文溯阁、文津阁、文宗阁、文汇阁、文澜阁）中寿命最短的一座藏书楼。

云绘楼·清音阁

云绘楼·清音阁，位于北京市宣武区陶然亭公园内，是一座皇家园林建筑。

云绘楼·清音阁建于清朝乾隆年间，原在中南海内东岸，是当时皇帝登楼观赏太液清池，写字、绘画、吟诗作曲之处。

云绘楼共三层，坐西面东，楼北有室名"韵磬"；清音阁共两层，坐南朝北，阁上下与云绘楼相通，有门名"印月"。

云绘楼、清音阁的双层游廊向北面、东面伸出，画檐雕梁，玲珑秀丽。

1954 年因施工需要拆除云绘楼、清音阁，但建筑学家梁思成考虑这组建筑结构和风格独具特色，建议保留。周总理表示赞同，同年把这组建筑完整地迁建到了陶然亭公园的西湖南岸。

1984 年，云绘楼·清音阁被列为北京市文物保护单位。

文渊阁

文渊阁，位于故宫东华门内文华殿后，是在原明代圣济殿旧址上兴建起来的。

文渊阁之名始于明代，其阁亦始建于明代。明太祖朱元璋"始创宫殿于南京，即于奉天门之东建文渊阁，尽贮古今载籍"。此即文渊阁建阁之始。

明成祖迁都北京后，模仿南京已有规制营建北京宫殿，文渊阁也随之建成。

正统十四年（公元 1449 年），南京明故宫发生火灾，文渊阁及其所余书籍皆付之一炬；北京皇宫的文渊阁也在明末战火的中被毁，随着明王朝的灭亡而灭亡了。

清朝乾隆三十八年（公元 1773 年）皇帝下诏开设"四库全书馆"，编纂《四库全书》。乾隆三十九年（公元 1774 年）下诏兴建藏书楼——文渊阁，至乾隆四十一年（公元 1776 年）建成，用于专储《四库全书》。

文渊阁坐北朝南，外观为上下两层，腰檐处设有暗层，面阔六间，各通为一，西尽间设楼梯连通上下。

文渊阁的构造为水磨丝缝砖墙；深绿廊柱；菱花窗门；歇山式屋顶，上覆黑琉璃瓦；而以绿琉璃瓦镶檐头，喻义黑色主水，以水压火，以保藏书楼安全；屋脊饰以绿、紫、白三色琉璃，浮雕波涛游龙；所有的油漆彩画均以冷色为主，营造出皇家藏书楼典雅静谧肃穆的气氛。

文渊阁前廊设回纹栏杆，檐下倒挂楣子，加之绿色檐柱和清新悦目的苏式彩画，更具园林建筑风格。阁前凿有一方池，引金水河水流入，池上架一石桥，石桥和池子四周栏板都雕有水生动物图案，灵秀精美。阁后湖石堆砌成山，势如屏障，四周植以松柏，历时200余年，苍劲挺拔，郁郁葱葱。

文渊阁的东侧建有一座碑亭，盝顶黄琉璃瓦，造型独特，亭内立有一石碑，正面以满、汉文镌刻乾隆皇帝撰写的《文渊阁记》，背面刻有文渊阁赐宴御制诗。

乾隆四十七年（公元1782年），《四库全书》连同《钦定古今图书集成》入藏文渊阁，按经史子集四部分架放置。以经部儒家经典为首共22架和《四库全书总目考证》、《钦定古今图书集成》放置一层，并在中间设皇帝宝座，为讲经筵之处。二层中三间与一层相通，周围设楼板，置书架，放史部书33架。

三层除西尽间为楼梯间外，其他五间通连，每间依前后柱位列书架间隔，宽敞明亮，子部书22架、集部书28架存放在此，明间设御榻，备皇帝随时登阁览阅。

重庆市

合川八角亭

合川八角亭，坐落在重庆市合川市区嘉陵江东岸的学士山上，本名"养心亭"。

据明、清合州志记载，合川八角亭建于北宋嘉祐元年（公元1056年），是名士张宗范的亭园。宋代著名理学家周敦颐先生以太子中舍整书合州判官时，亲自为他题名"养心亭"，并在那里著书立说。后毁于兵燹。

明成化三年（公元1467年），合州知州唐珣循旧址重建，并以亭为祠，绘周敦颐、张宗范像于壁，"以耸景慕"；又在亭旁另建房三间，名曰"养心直"，并置廊垣，用以接待文人墨客。

以后历代均有重修，现存八角亭为清代重建。

合川八角亭是八角三级重檐盝顶式石木结构建筑，坐西面东，台基平面呈八边形，高1米，每边均4米多长，总占地面积约一百平方米，通高约18米。底层为12边形石砌墙体，高约7米，两面对称设门，门上横匾刻正书"养心亭"三字。

合川八角亭亭身呈八边形，层层逐檐上收。第二至三层为木质结构，分设八只亭角，上下檐之角参差错落，不相对应，形态别具一格。亭内中空，楼层之间设有木梯连接，右旋至亭顶，八方均开通窗，供游人登楼观赏三江两岸及合阳城景。

八角亭造型精美独特，一直是合川重要的风景名亭，同时又是通往国家级风景名胜区和国家重点文物保护单位——古钓鱼城的必经之路，隔江与重庆市级文物保护单位南津街——文峰塔相望，三面环江，具有较高的文物保护价值和旅游开发价值。

福建省

望归亭

望归亭，建在厦门黄厝村，在国家会计学院后山面向金门的山坡上，又称为"黄克立爱国纪念亭"，厦门市长张昌平为之取名"望归亭"，盼望台湾回归，意义深远。

望归亭由整块实心福建花岗岩，用方正门框组成，每块花岗岩厚30厘米，宽几十厘米，高约4米，重约5吨，共33块。阳光照在由门框组成的门廊上，会形成一种令人神往的效果，值得欣赏。

游·遍·亭·塔·楼·阁

YOU BIAN TING TA LOU GE

天封塔

天封塔，位于宁波市海曙区大沙泥街西端与解放南路交汇处。

天封塔始建于唐武则天"天册万岁"至"万岁登峰"（公元695—696年）年间，因建塔年号始末"天""封"而得名。

南宋建炎三年（公元1129年），金兵攻占宁波，天封塔毁于兵火。绍兴十四年（公元1144年）重建。嘉定十三年（公元1220年）再毁。

元泰定三年（公元1326年），天封塔大圮，至顺元年（公元1330年）修复。至正年间（公元1341—1368年），平章方国珍、弟国珉重建塔院。

明永乐十年（公元1412年），天封塔雷火击毁三层，同年重修。嘉靖三十六年（公元1557年）台风飞堕塔顶，三十八年重修。

清顺治十七年（公元1660年），天封塔大修。乾隆十六年（公元1751年）八月，台风大作，飞堕塔顶；二十一年（公元1756年）重修，嘉庆三年（公元1798年）十二月修塔将成事，因塔灯失火，致塔檐、平座、栏杆具焚，只余砖砌塔身。1935年重修。

天封塔高约51米，共14层，六角形。

1984年6月，宁波市考古研究所对天封塔地宫进行了考古发掘，共出土银殿、银塔等文物140余件，其中银殿、银塔等镌有"绍兴十四年"铭文。

天封塔为我国江南特有典型的仿宋阁楼式砖木结构塔，具有宋塔玲珑精巧、古朴庄重之特点；是古代明州港江海通航的水运航标，

福·建·省

港城重要标志。

1981 年 12 月，天封塔被宁波市人民政府公布为市级文物保护单位，现为国家级文物保护单位。

天中万寿塔

天中万寿塔，位于福建省天仙游县枫亭镇塔斗山上，俗称"塔斗塔"，亦称"青螺塔"，为五代建筑风格。

天中万寿塔始创于五代末，坐北向南，为石构实心，四方形，有五层，高约八米，边长五米，以山作基，砌石而起，直插云霄。

万寿塔表面几乎布满浮雕，造型之奇特、艺术之精湛，堪称一绝。

尤寿塔塔身第一层置于瓣莲花须弥座上，四转角各雕一尊力神，略作半蹲，用头着力顶住上层塔座，塔身四面则各雕双龙相戏图，其形态各不相同。其中南面的一幅浮雕图面最为出色，为雌雄双龙用尾巴互相钩住作交配状，同时又双双回过头来，四眼对视，含情脉脉。

塔身第二层底部又重垫一道须弥座，并有八个座脚，塔身四转角只置圆鼓形立柱，每面则各雕四幅折枝花卉。

塔身第三层每一面各凿成三个拱门形浅龛，龛中各雕一尊佛像；四转角作浮雕身着古代武士服的立体人像。

最奇特还是第四层，塔身各面中间各有一尊头戴古印度宝冠、两边著璎珞、佩身耳铛的女菩萨浮雕；四转角则各雕着鸟嘴人形、长翅膀的迦楼罗立像为角柱。

天中万寿塔于 1985 年 10 月公布为福建省文物保护单位，在 2001 年 6 月 25 日，作为宋代古建筑，被列为全国重点文物保护单位。

千佛陶塔

千佛陶塔，位于福建省福州鼓山的涌泉寺山门前。原在福州市南台岛龙瑞寺，后来寺毁，于 1972 年迁移至此。

千佛陶塔左右对峙于涌泉寺山门前，始建于北宋元丰五年（公元 1082 年），东塔名"庄严劫千佛宝塔"，西塔名"普贤劫千佛宝塔"。这两座塔以陶土烧制，因而称为"千佛陶塔"。

千佛陶塔为八角九层仿木构楼阁式塔，高约七米，底座直径 120 厘米。整座塔造型轻巧玲珑。塔身、门窗、柱子和塔檐的斗拱、椽飞、瓦垄等，都是事先按照木结构形式雕模制作出泥坯后，上釉烧制而成的。

千佛陶塔装饰十分富丽，塔身共贴塑佛像 1000 多尊。基座上塑出金刚力士，并塑有奔跑追逐的狮子以及各种花卉图案。塔刹作三重葫芦式，上冠宝珠。塔座上除刻有烧制年代和塔名外，还刻有施舍者和烧制工匠姓名。

六胜塔

六胜塔，位于福建省晋江石狮市石湖村金钗山上，又名"万寿塔"，俗称"石湖塔"。

六胜塔始建于元顺帝至元二年（公元1336年），是一名叫凌恢甫的商人，为便利出入海口船只辨识方向出资建造的。

六胜塔的每一层上，都刻有建造时间，第二层为"岁次丁丑十一月"（公元1337年）、第三层为"岁次戊寅十月"（公元1338年）、第四层为"岁次己卯三月"（公元1339年）。

六胜塔为八角五层仿木构阁楼式塔，全部以花岗岩块砌成，高31米，底层周长47米。塔体由塔心、回廊和外壁组成。进入第一层塔门为回廊和塔心。塔心八角形，中空，可垂直上下。

塔身外面每层有塔檐和平座。每层设四门、四龛。门、龛位置逐层转换，交错设置，使塔身结构不易崩裂。石龛内有石佛，龛外两旁雕有金刚、力士等形象。

五桂楼

五桂楼，位于福建宁波市梁弄镇。

五桂楼建于清嘉庆十二年（公元1807年），是余姚人黄澄量所建的私人藏书楼。因为黄氏上代有兄弟五人同科中举，故称为"五

游·遍·亭·塔·楼·阁

YOU BIAN TING TA LOU GE

桂楼"，又因其周围有四明山 72 座山峰环绕，又名"七十二峰草堂"。

五桂楼占地面积 100 平方米，坐北朝南，三间二层楼，通面宽十多米。楼前有庭院，深约九米，四周有四米高的围墙，围墙东西两侧有大门，西侧为正门。楼下为三楹统间，前后分隔，前厅为讲学会文之所，后厅是楼梯，楼上有书橱 24 架，藏有 5 万多卷古书善本、名画碑帖和手抄本，有木雕板近百块，屋顶为勾连搭屋顶，呈"众"字形，有暗阁，明看二层，实为三层。

五桂楼现悬挂的"五桂楼"匾额为清代书法家胡芹所书，"七十二峰草堂"为清代书法家吕屐山所题。

五桂楼西侧原有书房两间，名曰"爱吾庐"，后扩建为五间，雕栋画梁，卷蓬饰顶，建造讲究，名为"梦花书屋"，与五桂楼相互辉映，是黄澄量居室和会友、写书之所；东侧有平房五六间，为当时工匠雕版印书所用；另建有厨房和家人居室，周围圈以围墙；庭院由卵石砌面，组合为一个古朴优雅的建筑群落。

五桂楼有一套比较严格而独特的藏书保管制度，藏书之丰，在浙东仅次于宁波天一阁，有"浙东第二藏书楼"之称，楼中藏书最多时达到六万余卷，其中《明文类体》是在清朝文字狱时期保存的明代四百多家的文集奏议，最为史家看重。

1954 年春，余姚县委根据宁波地委保护文物指示，恢复五桂楼，设专人保管，专职管理员史良（退休老师，已故），隶属余姚县文管会。

1957 年秋至 1958 年 9 月，梁弄镇利明村在五桂楼设农业高级合作社办公室。

1958 年冬至 1960 年春"大跃进"时期，五桂楼为利明大队公共食堂。在此期间，藏书散失千余册。

FUJIAN SHENG

福·建·省

1962 年，由梁弄经官致老先生整理散书，装订修复，历时两年，装箱库存，总计 13000 册。

1964 年，福建省省厅调拨五桂楼藏书珍贵版本 2400 多册。

1974 年经国家拨款维修后，成为余姚人民政府重点文物保护单位。

1981 年 6 月，五桂楼，被列入市级文物保护单位，1989 年 12 月升列为省重点文保单位。

游·遍·亭·塔·楼·阁

YOU BIAN TING TA LOU GE

八卦楼

八卦楼，位于福建省，是漳州名胜古迹之一。

八卦楼早期建于明神宗万历六年（公元 1578 年），据《漳州府志》记载"明神宗万历六年（公元 1578 年），漳州知府罗青霄以巽隅洼甚；乃撤城上旧楼，建层阁"，是将漳州古城城墙东南角楼改建而成的，呈八角形，是三层木结构楼阁，题名"威镇阁"。又因采用阴阳八卦为顶面，阁上都用长宽相同的长方形巨石铺成八角形状，每块巨石按方位分别刻着"乾、坤、震、艮、坎、兑、巽、离"的方正大字，所以俗称"八卦楼"。

八卦楼楼上的一副对联记载了此事：五名山、二秀水，城外风烟连海峰；七真儒、三及第，漳南文献甲闽瓯。

八卦楼，先砌与城墙齐高的石块为奠基，然后在基石上建起了这座八角三层楼阁。

四百多年来，八卦楼历尽坎坷。

清初顺治九年（公元 1652 年），郑成功率反清大军与清军大战漳州城，八卦楼被大火焚毁。乾隆二年（公元 1737 年），漳州知府刘良璧依旧制重建。二十年后，八卦楼楼顶遭雷电轰毁，两年后，知府蒋允君主持重修。

民国七年（公元 1918 年），粤军陈炯明驻漳州时拆了城墙修马路；"文革"时，八卦楼被枪击倒塌；后建设漳州大桥时，被夷为平地。

1997 年，漳州市人民政府重建八卦楼。

重建后的八卦楼建设面积 750 平方米，分一、二、三层和夹层，为八卦形建筑。主楼高近 52 米，气势非凡。主楼前亭左右两边，是精巧玲珑的三角亭、四角亭，与主楼交相呼应。护廊由精美的浮雕组成，生动地展现出了漳州各地的名花名景，堪称漳州风物精华的缩影。

山门由两根七米多高、直径 120 厘米和两根 6 米多高、直径 110 米的浮雕九龙华安玉石柱组成，楣额"威镇阁"三个大字铁画银钩，笔力遒劲，是著名书法家启功的力作。山门左右各置一只由重达 28 吨的整块九龙壁雕琢成的石狮，工艺精湛，惟妙惟肖。

福裕楼

福裕楼，位于福建省龙岩市湖坑镇洪坑村，是永定府第式土楼的杰出代表，富丽堂皇。

福裕楼于公元 1880 年开始兴建，历经三年时间才得以建成，占地面积 7000 余平方米。

福裕楼由楼主三兄弟（林仲山、林仁山、林德山）的朋友——

汀州知府张星炳设计。

福裕楼的结构特点是：在主楼的中轴线上前低后高，两座横屋，高低有序，主次分明；楼前有三个大门，在主楼和横屋之间有小门相隔，外观连成一体、内则分为三大单元；楼门坪和围墙用当地河卵石铺砌，做工十分精细，与大自然环境浑然一体，十分和谐；外形像三座山，隐含楼主三兄弟"三山"之意。

福裕楼门厅两侧为厢房，厅后立一堵与一层楼等高的双合三开隔扇，既作为中门，又作为照壁，六块活页门扇上半部分镂刻镏金图案，隔扇后是三合土铺面的长方形天井，隔扇两侧各设一个小门，与中厅（祖堂）前面天井两边的过廊连接，登上过廊后向的两级台阶，便是中厅走廊，其两边各开一扇门通往横楼。

福裕楼的中厅，为砖木结构，高大宽敞，厅口向着前面的天井开敞，比同一座楼的其他房间高一米多，雕梁画栋，装饰精美，后壁上悬挂玻璃匾额，厅后面两边的柱子上悬挂阴刻木质楹联："几百年人家无非积善，第一等好事还是读书"。

福裕楼中厅前沿左右两边各立两根圆柱，每两柱之间的下半部分为泥塑，前向塑花草，后向塑"福禄"二字；上半部分为镶嵌绿色琉璃花格屏风，厅后两侧向后凹进，正向和侧向分别设一门通往后堂，正向为镂雕木质屏门，侧向为砖砌拱门，屏门后为天井。天井两侧为高两层、三开间的厢房，砖拱门后向的前侧设一个小门进出。

厅两边后向为厅后厢房的走廊。厅后壁的背面为通往二楼的楼梯，与厅后向两边的厢房走廊相通。

福裕楼中楼二层中间为观音厅，其楼板比厅后厢房二层的通廊高，左右两边的通廊前向各设一短梯，通过拱门进入位于中间的观音厅。观音厅高大宽敞，供奉观音造像，神阁两旁各有一块镂雕木

游·遍·亭·塔·楼·阁

YOU BIAN TING TA LOU GE

质隔屏。厅的栋、梁漆红漆，顶部中间饰大幅八卦彩图。厅口设有一米多高、一米宽的平台，平台外沿为琉璃花格护栏，厅口两侧、平台内沿以及与底层祖堂前向立柱对接的柱间也镶嵌琉璃花格屏风，高至屋梁。

观音厅两侧分别有前阁楼和后阁楼，由厅侧拱门的短梯登临。前阁楼设一门与厅前的平台相通，厅后厢房二层与后楼的墙体相连接；后阁楼前面的通廊在后楼与厢房的墙体之间形成一段封闭式通廊，两端各设一门与两边的横楼相通。

中楼与前后向两侧的内通廊以及前后厢房将全楼内部分隔成大小六个天井，使内部空间层次更为丰富，增强了舒适度。

福裕楼后楼九开间，被分隔成三个单元，每单元三开间，各设一道楼梯上下，楼梯位于面积较大的中间一间。每层的楼梯前向为厅堂，后向分隔为两个小房间。二层以上的结构与底层的结构相同，最顶上的半层则为阁楼。后楼前面左右两边各有一口水井。

与前后楼连接的两侧横楼高两层，砖木结构，两楼对称，内通廊式，穿斗、抬梁混合式木构架。横楼外侧各有一排砖木结构的平房，两边对称，与横楼平行，分设厕所、杂物间、磨房、佳间等。

福裕楼前楼、中楼为断檐悬山顶，后楼为断檐歇山顶，飞檐翘角。前、中、后楼屋顶皆作三段迭落，由前往后层层升高，屋顶坡度比其他种类的土楼的屋顶坡度要大得多，显得气宇轩昂。

二宜楼

二宜楼，位于华安县仙都镇大地村，是第一座被列为国家级文物保护单位的古建圆楼，是福建土楼的优秀代表作。

二宜楼始建于清乾隆五年（公元1740年），为蒋士熊与儿孙三代人，用30年时间始告建成。

二宜楼楼门朝西，门额石匾镌刻着各40厘米见方的"二宜楼"三字，近赵体而无柔媚之态，类瘦金体又稍逊劲拔，自成一格。"二宜"两字，寓有宜山宜水、宜家宜室、宜内宜外、宜兄宜弟、宜子宜孙、宜文宜武之意。

二宜楼占地面积9300平方米，坐东南朝西北，外环高四层、高16米，外墙厚约3米，外径约8米。整座楼为双环圆形土楼，分成十六单元，共有200多个房间。

二宜楼外环楼每单元四间。底层为卧室、客厅。第二、三层为卧室、仓库，各有楼梯上下。第四层为各家祖堂。

二宜楼文化内涵丰富，楼内共存有壁画约600平方米、约300幅，彩绘99平方米、200多幅，木雕300多件，楹联150多副，在福建众多土楼中是独有的，在中国古民居中亦属罕见，堪称民间艺术珍品。

二宜楼的三、六、十单元的墙上、天花板上张贴了许多1931年美国《纽约时报》、1932年美国《纽约晚报》，墙面上还绘有西洋钟、西洋美女，并标注译文，便于中西文化的交流。

二宜楼建筑平面与空间布局都独具特色，防卫系统也构思独创，处理与众不同，建筑装饰精巧华丽，堪称"圆土楼之王"、"神州第一圆楼"，为福建省两大民系——客家民系、福佬民系之福佬民系地区单元式土楼的代表。

二宜楼设计非常科学：楼外环底层用花岗岩石砌成，二层起用生土夯筑，墙体牢固坚实，具有良好的抗震御风性能。十六单元的结构功能分工清楚，自成体系，四楼利用特厚的墙体收缩一米作为

游·遍·亭·塔·楼·阁

YOU BIAN TING TA LOU GE

通道成隐通廊环绕全楼，使各单元又能连接沟通，把隐私独立性和凝聚性完美地结合起来。另外在大门上设泄沙漏水装置，各单元设"之"型弯曲传声洞，楼内设通往楼外的暗道等，这些都有利于加强内外联系和防止敌人的攻击。

二宜楼的雕刻也十分精湛：第一层大门和第四层祖堂都采用悬梁吊柱法，斗拱木雕雕刻精细，彩绘绚丽，建筑细致精美，石雕意蕴深远。

1996 年 11 月，二宜楼，被国务院公布为全国重点文物保护单位。

云骧阁

云骧阁，位于福建省龙岩市在长汀城东乌石山。

云骧阁，始建于李唐大历，从宋代起辟为风景区。初名为"清阴"，意为树木荫翳，环境清幽。后来有人嫌"清阴"太阴冷，改为"集景"，意为奇石、幽洞、碧水、茂林集于一处。

宋绍兴年间，刘乔认为"集景"笼统而无特色，因此景区地势临江，高耸入云，而从龙潭仰首观瞻，只见飞阁临云，宛如骏马腾空，凌空追月，故改名"云骧"。后来郡守吴南老认为"云骧"仅以状命名，未体现景物清幽的特点，又改名为"双清"，意为清风清月为其特色。后绍定郡守陈映又认为"双清"太俗，不如"云骧"，于是便亲书"云骧"两字刻于石上，有定名于石不容更改之意。

云骧阁是座方形的两层楼阁，飞檐凌空，翘角卷云，雄伟壮观。楼上一厅二间，四面为走马楼沿。底层大殿朝东，殿的屏风后有门，横额书"云骧阁"三个大字，苍劲有力。

1929 年 3 月，赣南闽西第一个县级红色政权——长汀县革命委员会，设于"云骧阁"。

云骧阁，现为全国重点革命文物保护单位。

云霄阁

云霄阁，位于福建中都镇田背村口一河道边，周边巨树相拥，碧水环绕，石桥虹卧，古宅比邻，环境清幽，是上杭县境内目前保存最好的、年代最久远的古建筑之一。

云霄阁始建于明嘉靖年间（公元 1522—1566 年），属于外斜内正的建筑结构，被称为"中国式的比萨斜塔"，即无论从哪一个角度观察云霄阁，均是向相反的方向倾斜，四百多年来无人能解其中之意。后被毁。明万历十年（公元 1582 年）重修。

云霄阁共七层，高 20 多米，呈迭式塔形，一、二层为生土建筑，墙厚二尺，三层开始为圆柱顶立，以木板为屏，开花板有五彩花纹，檐头八角翘鳌，葫芦屋顶，有木梯直通各层。

云霄阁底层分前后两座：前堂为夫人宫，门前有联云："黄鹤归来带得松花香丈室，白云飞去放开明月照禅心"；后堂为仙师殿，供奉仙师菩萨，有联云"佛地有尘风自扫，禅寺无锁月常关"。

云霄阁第二层为观音殿，奉观音佛像，有联曰"紫金山清源山不如此处神灵救灾更快，禅林寺义合寺总是共个菩萨求福在诚"。

云霄阁从第三层开始，分别为：玄天帝殿、北帝祖师殿、天后圣母殿、魁星点斗殿、钟鼓。

云霄阁在上世纪 80 年代初被列为上杭县文物保护单位。

2009 年，云霄阁被福建省政府公布为省级文物保护单位，正式列入福建省文物保护单位名单。

甘肃省

武威罗什塔

武威罗什塔，位于甘肃省武威市城内北大街。

罗什塔，据传为后秦高僧鸠摩罗什舍利塔。原来这里有座罗什寺，西域高僧鸠摩罗什曾住寺内讲学译经近 17 年。后至长安，被尊为国师，逝于长安。唐贞观年间（公元 627—649 年），唐将尉迟敬德为纪念这位高僧，在威武修建此塔。

1927 年地震时罗什寺毁，塔尚存一半。1934 年重修。近年，也重修山门、大雄宝殿、藏经楼、鸠摩罗什祖师纪念堂等寺院建筑。

罗什塔为 8 角 12 层空心砖塔，高 32 米。塔基方形，每边边长12 米，高 3 米。塔座为八角形，高两米。塔门向东开，第一、三、五、八层均辟门。最上一层设小龛，龛内置佛像一尊。

威武罗什塔塔身外檐很密，与内部楼层不相吻合。塔檐短，以叠涩挑出，檐角微翘，下悬风铎。塔刹下为覆钵，上置圆光的宝盖，刹顶冠以铜质宝瓶。

1934 年重修塔时，在塔下发现一通方形石碑，每边宽约 40 厘米，上刻"罗什地址，四面临街，敬德书。"据此，将此塔命名为"罗什塔"。

东华池塔

东华池塔，位于甘肃省庆阳市华池县林镇乡东华池村宝塔山。

据塔身第三层明万历四十年（公元 1612 年）《重修施地碑记》记载，始建于北宋元符二年（公元 1099 年）。

东华池塔为八角七层阁楼式砖塔，高 26 米，无基座。第一层塔身较高，每面宽 3 米多，各面平素无饰，东北面开一券门，内辟八角形塔室。塔身向上各层逐渐收分，第二层到第七层每面以砖砌八角柱分割成三间，每层每面上下交错开真假门及盲窗。

东华池塔各层塔檐施以斗拱承挑叠涩出檐，砖雕檐椽，檐上铺瓦垄。第一、二、三层檐上设平座，座上砖砌栏板面刻云纹、飞凤、奔鹿、猛虎等图饰。塔顶置石质砖刹，刹覆盖雕圆光、露盘及宝珠。

东华池塔，为甘肃陇东地区保存较好的一座宋代楼阁式砖塔，除第一、七层塔檐砖风化脱落，塔体较为完好。

2001 年，东华池塔，由国务院公布为全国重点文物保护单位。

游·遍 亭 塔 楼 阁

YOU BIAN TING TA LOU GE

九州台文溯阁

九州台文溯阁，位于甘肃兰州。

九州台文溯阁是甘肃省委省政府为了更好的珍存从辽宁省运到兰州的《四库全书》——这部反映中华民族文明的伟大成就，专门拨款修建的新的藏书楼。

1999年5月，甘肃省政府作出了在省城兰州立项修建文溯阁《四库全书》藏书库的决定，在兰州黄河岸畔北山九州台修建文溯阁《四库全书》藏书楼。

九州台的文溯阁从2003年4月30日起正式开工建设，占地超过3公顷，总建筑面积约6000平方米，历时两年多。其方位和建筑风格都承系了"古制古貌"，外观颇具皇家气派，与北京故宫"文渊阁"极为接近，也是"歇山式大屋顶"建筑，外二层内三层，内部用钢筋混凝土厚墙，使用了现代化的防潮设施、防尘设施、防盗设施等甚至防辐射设施，室内温度和湿度都常年保持恒温。

九州台文溯阁藏书馆主要包括主楼、副楼、办公楼。主楼占地1900平方米，一、二层为展览厅，三层存放《四库全书》影印本；副楼占地1400平方米，主要用于学术研究所用，而《四库全书》的真本则藏在专门设计的地下室内。

广东省

极浦亭

极浦亭，位于广东省吴川县吴阳镇中街。

极浦亭，始建于南宋淳佑年间（公元 1242 – 1252 年），为解元李凌云隐居讲学处，旧吴川八景之一。

极浦亭原建筑为亭制，经明、清多次重修，现存建筑属清代祠堂式形制，总面积 485 平方米。门前踏跺石阶两级，门额书"极浦亭"。前进厅右墙角镶"极浦亭"碑，碑为明万历三十六年（公元 1608 年）孟冬高州府同知李国珍所立。

极浦亭两边檐墙均绘花鸟壁画。中进为木架式结构，瓜爪驼峰、花鸟动物驼墩雀替等构件，精雕细刻，具有地方特色；中进及三进檐柱均为梅花石柱，均花蓝柱础。近年当地人维修，更新门面，并建设碑廊，颇壮观。

极浦亭距今已有 700 多年，虽经多次重修，仍保存清代建筑风貌。

1983 年公布为县的文物保护单位。2003 年公布为湛江市文物保护单位。

愿望塔

愿望塔，位于深圳东部大梅沙海滨公园内，是目前国内唯一可以在高空电子许愿的景观型愿望塔，也是全国第一座完全暴露于海边的高耸钢结构旅游观光塔式建筑。愿望塔总高81米，在55至58米的高度，给游客提供三层的使用空间，分别为景观层、设备层和祈祷许愿层。

在祈祷许愿层的许愿台设有15台可供电子许愿的电脑。通过这些电脑，游客可以把来自大梅沙愿望塔的祝愿通过手机终端或电子邮件发送给远方的朋友。

双峰塔

双峰塔，位于广东省吴川县，在吴阳镇文塔东北边的文塔小学内。

双峰塔是明代万历二十七年（公元1599年）县邑周应鳌所建。

双峰塔塔高21米，为平面八角形七层仿楼阁式砖塔。塔身为壁内折上式，各层设假平台。塔刹宝瓶式，塔基须弥座石板通花装饰，高一米，阳雕各式花草图案，每边棱角浮雕力士托像，形象古朴粗壮，形态各异。

双峰塔旁原有"江阳书院"一座，已拆除改建小学。书院碑记，现附于塔壁上。

双峰塔不仅体现古代建筑艺术特征，同时给此地风光增添了不少色彩。清人吴河光的《双峰塔诗》："直矗川流尽处，高标梵刹空中，忽听一声铃铎，茫茫雪海天风"，正是当时双峰塔的真实写照。

双峰塔于1983年公布为县的文物保护单位。

崇禧塔

崇禧塔，位于广东肇庆市。

崇禧塔建于明万历十年（公元1582年）九月，由岭西副使王泮兴建，历经三年终于竣工。因西江水"滔滔而东，其气不聚，人才遂如晨星"，若建塔聚气，可使人才辈出；又因西江水患频仍，建塔可镇住"祸龙"，永固堤围，于是有了造塔之举。之所以取名"崇禧塔"，则取"文运兴旺"、"洪福无疆"之意。

崇禧塔继承唐宋时期的塔型风格，又具有明代建筑特色，为楼阁式砖木结构，结构严谨，雄伟壮观。塔高约58米，外观九层，内分17层；基座高约2米，周长约47米；塔基形状是八角形，八个角均有石雕"托塔力士"和"二龙戏珠"、"鲤跃龙门"、"双凤朝阳"、"麒麟献瑞"等浮雕图案；每层塔的檐角均吊有风铃，如遇风吹就会发出"叮当、叮当"动听的钟声。

崇禧塔自建成之日起，经历水淹、地震、战火，并无大变异。

1960年粉刷了墙身，修葺了塔内各层梯级通道；1983年再次全面复原修葺，并增建了外围山墙，由赵朴初撰书"崇禧塔"匾和"七星高北斗，一塔耸南天"的对联。

崇喜塔现在被公布为市级文物保护单位。

潮州凤凰塔

潮州凤凰塔，位于广东省潮州市韩江与支流固溪交汇处，向北可望凤凰山，西方与凤凰洲、凤凰台隔江相望，由此得名"凤凰塔"。

凤凰塔创建于明万历十三年（公元 1585 年）。清康熙三十年（公元 1691 年）进行过一次较大维修。塔门上镌刻的"凤凰塔"匾额，为当年倡建者潮州知府郭子章手笔。

凤凰塔为八角七层砖石混合结构楼阁式塔，高约 33 米。第一、二层塔身以整齐条石砌筑，第三到七层为砖砌。塔内靠墙有石阶，可登上二、三层。第三层进入夹壁，沿盘旋阶梯可登上顶层。

凤凰塔塔身第一层到第五层各层交错开四门，第六、七两层辟有三门。在六层南壁上有三龛，七层有一龛。第三层以上的夹壁梯道，每隔九到十三级砖阶有一小窗。

凤凰塔装饰艺术主要集中在基座和一、二层石砌部分。基座周围八面束腰部分雕刻有各种花卉动植物，上下枋也是，有双飞凤凰、戏水鸳鸯、二龙戏珠、双狮夺球、鲤鱼跳水、吼天犬、回首鹿、海马、巨象、莲花、卷草等。

佛山青云塔

　　佛山青云塔，位于广东佛山市顺德大良镇东南的神步岗上。原名为"神步塔"。因为山冈下有青云路直抵县城东门，故当地百姓习惯称之为"青云塔"。

　　佛山青云塔始建于明代万历三十年（公元 1602 年），由知县倪尚忠联合士绅捐建而成。

　　据地方县志载："塔高十有二丈，七级，级有扶拦，可登临，八角皆铁凤衔钟，风来，声闻十里⋯⋯"。

　　佛上青云塔塔身为八面形，正门方向西南，阔 75 厘米，高约 3 米。塔底层外围每角面 3 米多宽，内径 2 米多宽，二层内径宽约 3 米，有窗 6 扇，门两道，接连绕塔身外的围栏通道，层层如此。凭栏远眺，县城风貌与附近田园风光，尽收眼底。

　　佛山青云塔塔基周围各镶嵌石雕托塔力士俑一个，包头束腰，为古代武士装，跪姿各异，双手向上，均作托举状，线条粗犷有力，为粗面砂岩雕造。塔第四层外洞门上，嵌有一块石匾，中刻"三元挺秀"横批四字，上款刻"万历壬寅秋八月吉旦"，下款署"东浙浦江倪尚忠谨题"字样。

游·遍·亭·塔·楼·阁

YOU BIAN TING TA LOU GE

三影塔

三影塔,位于广东省南雄市雄州镇。

三影塔始建于北宋大中祥符二年（公元1009年）。据《南雄州志》载,祥符二年己酉异人建塔。因为其影有三,故曰"三影塔"。又因塔旁原建有延祥寺,故又称"延祥寺塔"。明正统十一年（公元1446年）曾重修。

三影塔为九层楼阁式塔,坐北朝南,高50多米。底层为宽大围廊,平面六角形。塔身第一层南面有一块"大中祥符二年三月十四日"铭文砖。塔身是以规格不等的青砖砌筑,各层饰物有仿木构阑额、枋、柱及斗拱。塔檐是以棱角砖和拔檐砖叠涩出檐,檐上顶部覆盖板瓦及筒瓦。各翼角下系有风铎。塔顶为六角攒尖式,上为塔刹,由铁铸覆盆、宝瓶、九层相轮和铜铸宝珠组成,并用铁索固定在檐脊上。

三影塔塔内铺设16层楼板,每层为六角形内室,内壁四面佛龛,塔外每面辟一塔门,每层设平座、栏杆,有环置阶梯与各层平座相连。

三影塔造型规整,挺拔秀丽,具有较高的艺术价值和历史价值,于1988年,被国务院公布为全国重点文物保护单位。

广州镇海楼

游·遍·亭·塔·楼·阁

YOU BIAN TING TA LOU GE

镇海楼坐落在广州越秀山小蟠龙冈上。该楼又名"望海楼",因当时珠海河道甚宽,故名"望海",又因楼高五层,俗称"五层楼"。楼前碑廊有历代碑刻,右侧陈列有 12 门古炮。

明洪武十三年(公元 1380 年),永嘉侯朱亮祖扩建广州城时,把北城墙扩展到越秀山上,同时在山上修筑了一座五层楼以壮观瞻。这座五层楼就是"镇海楼"。

镇海楼历史悠久,曾五毁五建,现建筑为钢筋混凝土结构,是 1928 年重修时由木构架改建成。

如今的镇海楼高 25 米,呈长方形,阔 31 米,深 16 米,山墙厚约 4 米;每层向上有收分,面阔及墙厚尺寸均有递减,第五层面阔约为 27 米、深约 14 米,山墙厚约 2 米。下面两层围墙用红砂岩条石砌造,三层以上为砖墙,外墙逐层收减,有复檐五层,绿琉璃瓦覆盖,饰有石湾彩釉鳌鱼花脊,朱红墙绿瓦砌成,巍峨壮观,被誉为"岭南第一胜览"。

镇海楼顶层正面高悬"镇海楼"横匾,左右张贴一副对联:"千万劫,危楼尚存,问谁摘斗摩霄,目空今古;五百年,故侯安在,使我倚栏看剑,泪洒英雄!"。

镇海楼气宇非凡,古今曾以"镇海层楼"、"越秀远眺"和"越秀层楼"先后列为"羊城八景"之一,是广州标志性建筑之一。

1989 年 6 月,广东省政府公布镇海楼为省级文物保护单位。

离明阁

离明阁，为广东省鹤山市唯一保留下来的清代砖塔，位于雅瑶镇隔朗村的纱帽岗下。

离明阁是平面六角形三层楼阁，高 15 米。每边长约 3 米，门阔约 1 米、高两米多。基座为红砂岩石条砌筑，台基由花岗岩石条铺砌。

离明阁正门上有浮雕山水画；二层正照墙面嵌有红砂岩石块阴刻的"离明阁"三字，东西两面各开花窗一个；三层东西两面亦各有圆拱窗；顶层正照嵌有花岗岩石阴刻的"奎光"两字。阁顶瓦面大脊，如六龙托珠，塔刹覆及葫芦顶均用陶瓷上釉烧制而成。

离明阁首层内墙嵌有重修石碑刻两块。据宋森编纂的《鹤山县志》（稿）载："据陆氏谱载为清康熙十五年建，清嘉庆二十年重修，清光绪六年增建"。

1993 年，离明阁被鹤山市政府公布为文物保护单位。

广西壮族自治区

摘星亭

摘星亭，位于广西桂林市区漓江东岸的七星公园内，处于海拔

248 米的七星山天玑峰顶。

摘星亭建于 1958 年，由混凝土结构建造，八柱八角，长宽 5 米多，高约 7 米，面积约 28 平方米。

摘星亭是七星山七座山峰唯一的一座高亭。立于亭上，东可眺尧山、天圣、屏风、猫儿山，北可望虞山、叠彩、仗波、老人诸山及清澈的漓江，西可赏象鼻、南溪诸胜，故曾有"旷观亭"之名。

湘山寺妙明塔

湘山寺妙明塔，位于广西壮族自治区全州县城西北隅湘山脚下。

妙明塔位于湘山南麓山腰，因其原为"楚南第一刹"湘山寺之镇北塔，故又称"楚南寺庙第一塔"。

妙明塔始建于唐咸通二年（公元 861 年），至乾符三年（公元 876 年）才得以建成，当时为五层高的塔。宋元丰四年（公元 1081 年）重建，至元祐七年（公元 1092 年）建成七层新塔。南宋绍兴五年（公元 1135 年），宋高宗称它：正大光明妙哉！自此称之为"妙明塔"。明、清时均有修缮。

妙明塔为八角七层楼阁式砖塔，高约 27 米，下为须弥座塔基。塔底层南、北面各开一券拱门，北门可登塔。

妙明塔塔身分内、外两层。外壁呈八面形，各层辟门对开，交错而上。塔中空，内壁为六边形，每面辟佛龛。两壁间设旋梯上下，各层铺木楼板。塔身叠涩菱牙出檐，每层设木栏平座走廊。塔顶为八角攒尖顶，上为宝瓶形塔刹，每角系一条铁链，悬挂铜铃。

妙明塔内设神位供寂照大师遗像。塔壁上嵌宋、明、清、民国时期碑刻 24 方，是妙明塔的重要史料。

月牙楼

月牙楼，坐落在广西桂林七星群山之中，处于月牙山的玉衡峰北麓，是桂林名楼。

月牙楼共有三层，下层为餐馆、小卖部，中层为素食馆，上层为宴会厅、观景楼，二、三楼设有国宴包厢十余间。

月牙楼主楼长 31 米，深 13 米，总面积近 1200 平方米。楼后有架空的走廊与后山凉亭相通。

整个建筑由楼、亭、廊组成，飞燕敞阁，错落有致，古色古香，与自然环境紧密结合。

1963 年，郭沫若来此游玩，就餐时题写"月牙楼"三字，至今仍然悬挂于此。他还曾题诗赞美曰："月牙楼是画廊楼，八面奇峰豁远眸。毋怪楼中无一画，画图难及自然优。"

月牙楼以其传统素食著名，有"桂林素食第一楼"之美誉。这里的素食有一百多年的历史，独具一格。

早在两百多年前的清朝，月牙山下的尼姑庵香火就十分鼎盛，尼姑们为了答谢前来进香的客人便以素食待客，其中最为著名的"尼姑面"一直流传至今。

侗寨鼓楼

侗寨鼓楼，是侗族建筑技艺的集中体现，雄伟壮观，结构严谨，工艺精湛。

侗寨鼓楼外形像多面体的宝塔，一般高 20 多米，从一层至顶，全靠 16 根杉木柱支撑。楼心宽阔平整，约 10 平方米，中间用石条砌有大火塘，四周有木栏杆，设有长条木凳，供歇息使用。楼的尖顶处，筑有宝葫芦或千年鹤，象征寨子吉祥平安。楼檐角突出翘起，给人以玲珑雅致，如飞如跃之感。

侗寨鼓楼有厅堂式、干栏式、密檐式等多种。无论何种鼓楼，一般都分上、中、下三个部分。

鼓楼上部为顶尖部，用一根长约 3 米的木柱或铁柱立于顶盖中央，并套上由大到小的 5 至 7 颗陶瓷宝珠，使顶尖部成葫芦型，犹如塔尖，凌空而立。顶盖是绚丽多彩的楼顶，多为伞形。顶盖形状为四角、六角或八角。顶盖下斜面为人字格斗拱，像蜂窝百孔窗，周围有木雕。

鼓楼中部层层叠楼，形似宝塔楼身。楼檐一般为六角，亦有简便的四角或复杂的八角。每方檐角均为翘角，层层叠叠，重檐而上。从上而下，一层比一层大。

鼓楼楼身以四根粗大、笔直的长杉木为主柱，从地面直通楼顶，极为壮观。

鼓楼是侗族人民的标志，也是侗族人民团结的象征。每个侗寨至少有一座鼓楼，有的多达四五座。

游·遍·亭·塔·楼·阁

YOU BIAN TING TA LOU GE

侗寨鼓楼为数很多，仅贵州从江、广西三江两县就有 200 多座，广西龙胜平等乡平等村就有 11 座；黎平肇兴，一个寨子就有 5 座雄伟壮观的鼓楼，被中外游人称为"鼓楼群"。

大士阁

大士阁，位于广西壮族自治区合浦县城东南 85 公里的山口镇永安村，又名"四牌楼"，因过去在阁楼上曾供奉国观音大士而得名。

据《中国名胜词典》载："大士阁建于明万历四年"（公元 1576 年）。当时，倭寇常侵扰我国东南沿海，朝廷为防御倭寇，在永安城建"千户守御所"，并在城中央建造大士阁以便于防守瞭望。清道光六年（公元 1826 年）、1959 年、1984 年和 1992 年先后进行过重修。

大士阁总建筑面积约为 247 平方米，底层建筑面积约为 168 平方米，二层建筑面积为 81 平方米，坐北向南，分前后两阁，上下两层，两阁相连，浑然一体。

大士阁的结构极为精巧：穿斗式与台梁式结合的木梁架，全用坚硬的格木制成，以榫卯相连。

前后两阁均以四柱厅为中心，上层以木板围护，下层敞开无围护。由 36 根木圆柱承重，围成长方形。柱脚不入土，支承在宝莲花石垫上。石垫入土 10 到 15 厘米，下面无台基。各柱间有 72 根木梁联系，屋檐有三级挑梁，每级均有木垫子承托，木垫子总数为 108个。亭内各梁间也由木垫子作支承。

大士阁建筑艺术精湛，具有浓厚的民族特色，为中国距海最近的古建筑之一，是我国南方地区少有的明代木结构建筑，对研究我国古代南方亭阁建筑很有参考价值。

1988 年，大士阁，被国务院公布为全国重点文物保护单位。

真武阁

真武阁，位于广西壮族自治区容县城东绣江北岸一座石台上。

石台，名为"经略台"，始建于唐乾元二年（公元 759 年），是著名诗人元结到容县都督府任容管经略使时，在容州城东筑的一座石台，用以操练兵士；明朝初年在经略台上建真武庙；明万历元年（公元 1573 年）将真武阁增建成了三层楼阁。

真武阁阁高 13 米，面宽约 14 米，进深 11 米，加上台高近 20 米，在周围区域尤为突出。

真武阁为杠杆式纯木结构。全阁用近 3000 条格木构件，以杠杆结构原理，串联吻合，彼此扶持，互相制约，合理协调组成一个优美稳固的统一整体。二层楼的四根大内柱，虽承受上层楼板、梁架、配柱和阁瓦、脊饰的沉重荷载，柱脚却悬空不落地，是全阁结构中最精巧、最奇特的部分。

四百多年来，真武阁经历了五次地震，三次特大台风，依然安然无恙。

1982 年，真武阁，由国务院公布为全国重点文物保护单位。

贵州省

君子亭

君子亭，位于贵阳市东门外城垣下，为清代建筑，亭前原有荷花池，故此地又名"莲花坡"。

李宗昉《黔记》云："省城外东南近城垣，新建君子亭，为阳明也。"乾隆《贵州通志》称："旧有君子亭，今废。"清嘉庆十九年（公元1814年），巡抚许兆椿将亭修复，并题一联云："傍郭临池，坐揽烟波迟素月；浮香送馥，人来殿阁扇熏风。"

君子亭为长方形，占地50平方米，以八根石柱支撑，形制古朴。

1982年，君子亭由贵州省人民政府公布为省级文物保护单位。

甲秀楼

甲秀楼，矗立在贵阳南明河中的万鳌矾石上。

甲秀楼始建于明万历二十五年（公元1597年），贵州巡抚江东

游·遍·亭·塔·楼·阁

YOU BIAN TING TA LOU GE

之题名"甲秀"。后人续修一带九孔白石桥于楼下，贯通南北两岸，名曰"江公堤"，后改称"浮玉桥"。甲秀楼屡遭兵燹，在明末和清代多次增修或重建，到1981年贵州市人民政府拨款维修为止，该楼经历了六次大规模的修葺。

历经四百年的风吹雨打而仍旧矗立不倒的甲秀楼是贵阳历史的见证，是贵阳文化发展史上的标志。

甲秀楼是三层三檐四角攒尖顶阁楼，楼高约20米，飞甍翘角，12根石柱托檐，护以白色雕塑花石栏杆，翘然挺立，烟窗水屿，如在画中。登楼远眺，四周景致，历历在目。

浮玉桥全长90余米，如白龙卧波，穿过楼下，贯通两岸。桥上的涵碧亭，桥下的涵碧潭、水月台与桥南的翠微阁，遥相呼应。

自明清以来，甲秀楼就是贵阳人游宴之所。登楼眺望，众山环抱，近者为观风台，林木茂蔚；远者为黔灵山，青山一发。栖霞、扶风、相宝、南岳诸峰罗列左右，大好风光尽览眼底，令人心旷神怡。下视城郊，早午炊烟袅袅。四时朝暮，风景无限，山城气象，历历可观。所以文人雅士题咏甚多，清人刘玉山所撰的206字长联脍炙人口，其中短短的170字，概述了贵阳市的地理形势及历史变迁。

2006年，甲秀楼由国务院公布为全国重点文物保护单位。

贵阳县文昌阁

贵阳县文昌阁，位于贵州省贵阳市东门月城。

贵阳县文昌阁始建于明代万历三十七年（公元1609年），为道教庙宇。清康熙八年（公元 1669 年）重修，雍正、乾隆、嘉庆、道光时均有维修和扩建。

贵阳县文昌阁是一座九角三层宝塔形建筑，高约 20 米，面阔约 12 米，进深约 12 米，三层三檐，攒尖顶，各层插拱较多，斗呈曲线，翘角不高，窗花和枋板施有彩绘，颇具地方特色。

2006 年 5 月 25 日，文昌阁作为明代古建筑，由国务院公布为全国重点文物保护单位。

河北省

宝云塔

宝云塔，位于河北省衡水市境内。

宝云塔始建于何代，史书所载各异，有说建于隋朝的，有说建于唐朝的，多年来一直未能确定。

1980 年 5 月 30 日，中国科学院自然科学史研究所张驭寰教授等三人，对宝云塔进行了实地考察，根据一、二层塔檐的"批竹头"、"方形圆开"的券门等建造形式看，确属唐代建筑风格，而三层以上的座、檐及雕刻的窗棂等又是明显的宋代建筑特点。鉴定结果为北宋初期所建。

宝云塔为砖木结构，高 35 米，底座周长 25 米。全塔 9 层，各层建筑风格各异，或为鸳鸯斗拱，或为梅花斗拱等。

宝云塔的第一层，双层塔檐，并在南面和北面各有一拱券佛龛，龛里原有一尊石雕莲花坐佛。现不存。第二层东面和西面开有券门，第三层又是南北各有一券门，到第四层以上，则四面各有一门。从底层至第七层，塔内有砖阶盘旋而上，但塔底部为穿心式，在塔内拾级而上，到第二、三、四层后，每上一层，必须由塔外沿塔檐转半圈后，从另一券门进入塔内。若要再上一层时，仍需从券门走出塔外，转半圈进入塔内……以这种形式，攀援登塔，身临其境，颇有惊险之感。塔的第五层以上，为空筒式，在塔内可拾级而上，无须步出塔外。

2006 年 5 月 25 日，宝云塔作为宋代古建筑，由国务院公布列为全国重点文物保护单位。

灵寿幽居寺塔

灵寿幽居寺塔，位于河北省灵寿县砂子洞村。

幽居寺，原名"祁林院"，北齐天保七年（公元 556 年），北齐使节散骑常侍都督、定州诸军事抚军将军、仪同三司、定州刺史、六州大都督赵郡王高睿为彰其亡父、母、伯、兄、妻及自身功德而建。后寺毁于清代，仅存寺塔。

幽居寺塔，方形，七级密檐式砖塔，高约 23 米。塔身南面辟拱门，门楣与边框由青石雕成，刻有云龙、金翅鸟等图案。塔身自第二层以上每层高度递减，外部轮廓也逐渐收缩，塔体呈方锥形，挺拔优雅，简洁秀丽。各层檐叠涩砌置，塔刹以硕大仰莲承托。

幽居寺塔塔内存有 3 尊白玉造像、15 个佛龛。3 尊佛像保存完好，各像基座上均刻有发愿文，分别是天保七年高睿为其亡伯（献武皇帝）、亡兄（文襄皇帝）、亡父等敬造。塔外齐碑为修寺记，于天保八年二月二十五日立。

2001 年，幽居寺塔，由国务院公布为全国重点文物保护单位。

临城普利寺塔

临城普利寺塔，位于河北省邢台市临城县城临泉路北侧，又称"普利寺舍利塔"。

普利寺建于北朝，兴盛于唐、宋。北宋皇祐四年（公元 1052 年）寺内建塔，宋徽宗路过此地，曾驻跸普利寺内，亲赐寺额，并命宰相蔡京题"爽亭"两字于碣上。明嘉靖二十四年（公元 1545 年）、万历四年（公元 1576 午）对普利寺塔曾进行过修葺。现普利寺已荒废，仅存寺塔。

普利寺塔是方形砖结构密檐式塔，高 33 米，共 8 层，下部 3 层施平座。首层塔身南面辟门，通往塔心室，其他各面无门。外壁各面略向内凹作弧形，并自下而上略收。各壁面砌千佛龛，每龛内浮雕一尊坐佛，第一层塔身共有佛像及佛龛 1000 多尊。佛龛以上砌出柱头及阑额、普拍枋及斗拱。第二层塔身坐在斗拱出挑的平座上，各面分别浮雕四尊罗汉像，转角部饰以力士。第二层以上是六层密檐，各层檐下均有砖制斗拱，形制各不相同。顶部是砖砌方须弥座形塔刹基座和覆钵、相轮、宝珠等组成的金属塔刹。

普利寺塔经邢台大地震，至今仍基本保留着宋代原貌，堪称我国古代建筑史上的杰作，具有较高的历史、科学和艺术价值，是研究古代建筑造型艺术的实物例证。

2001年，普利寺塔，由国务院公布为全国重点文物保护单位。

蔚县南安寺塔

蔚县南安寺塔，位于河北省蔚县城内南门西侧南安寺院内。

据史料记载，南安寺建于蔚州城建造之前，蔚州城建于北周大象二年（公元580年），由此推论，南安寺与塔应建于北魏。所以，蔚县历来有"先有南安寺，后有蔚州城"之说。但据现存塔的风格分析，当属辽代遗物。

南安寺塔是一座八角13层密檐式实心砖塔，通高32米，由塔基、塔座、塔身和塔刹四部分组成。

塔基高约3米，以石条垒砌。

塔座用砖包砌，每面中间雕有一个兽头，四侧面正中各置一雕花砖装饰，上有砖檐，檐上围绕一周莲花瓣，塔身置于莲座中，美观大方。

塔身的第一层较高，各转角处有浮雕塔柱，四正面置拱形假隔扇门，另四面饰花棂盲窗。塔身上置仿木斗拱，斗拱以上出仿木橼飞及瓦檐。以上各层叠涩出檐，布瓦收顶。

塔刹为铁铸，以一砖雕仰莲承托覆钵、相轮和圆光、仰月、宝珠、宝盖等。

2001年，南安寺塔由国务院公布为全国重点文物保护单位。

昌黎源影寺塔

昌黎源影寺塔，位于河北省秦皇岛市昌黎县城西北。

昌黎源影寺塔的始建年代不详，但从塔的建筑风格看，是典型的辽、金时期密檐式塔。

明万历四十八年（公元1620年），昌黎知县杨于陛在主持重修寺院时，以塔下有井，而"水自有源，塔自有影"为由，遂定寺名为"源影寺"，塔被称为"源影寺塔"。现源影寺已毁，仅存古塔。

源影寺塔是砖木混合结构的8角13层密檐式实心塔，高约36米，建在八边形砖砌基座之上，底部是雕砖须弥座和平座，平座以斗拱承托，上做勾栏，有两层仰莲，承托塔身。首层塔身中下半部以砖浮雕天宫楼阁形象，塔身第二层到十三层的塔体构造相同，檐下砖雕斗拱，上为木质橡飞、布瓦覆盖，各层的高度基本一致，仅边长逐层减少。顶部塔刹是砖砌双层仰莲，上覆以铜质相轮，宝珠收尾。

源影寺塔历经多次重修，明嘉靖二十年（公元1541年）、清顺治六年（公元1649年）、乾隆四十一年（公元1776年）都曾进行过维修。

1976年唐山大地震时，塔身严重倾斜，顶部坍塌。1982—1985年进行了较大规模的修葺，使之恢复了原貌。

源影寺塔首层塔身的雕刻装饰没有以密檐常用的佛像、菩萨、天王、力士和飞天、华盖等作为题材，而是以重楼城阙、飞廊阁道共同组成天宫楼阁图案造型，这是在河北省内诸塔中独一无二的。

2001 年，源影寺塔由国务院公布为全国重点文物保护单位。

定州开元寺塔

　　定州开元寺塔，位于河北省定州市内，是原开元寺内的主要建筑，寺早已不存，唯砖塔高耸于广场之上。

　　据定州志记载，北宋时寺僧会能往西天取经，得舍利子归，真宗咸平四年（公元 1001 年）建塔，历时五十五年，于仁宗至和二年（公元 1055 年）落成。因此塔宋时又作军事瞭望之用，故又称"料敌塔"。

　　开元寺塔是八角十一层楼阁式砖塔，通高约八十四米，是我国现存最高的砖塔，也是我国最高的一处古代建筑物。

　　开元寺塔的每层边长与层高比例匀称，外观挺拔秀丽。第一层塔身较为高大，又分隔成两层。第一层夹层内的圆顶以八条砖骨承载逐层挑出的砖块，结构别具匠心；第二层的夹层中保存有色彩如新的彩画和壁画，是北宋时期的原作。塔身内部还嵌有北宋时期碑刻数十块，是难得的书法文物和重要的史料。第一层塔身上有塔檐平座，以上各层则只有塔檐。塔檐是用砖层层叠涩挑出的短檐，它的断面有明显的凹曲线。塔刹刹座上置铁制相轮和露盘，最上边是两枚青铜宝珠。塔的四正面均辟有门，其余四面饰有盲窗。窗上用砖雕出各种几何纹的窗棂。在外部各层门券上还绘饰着彩色火焰纹图案，直到腰檐外口为止。

　　开元寺塔的内部结构为穿心式楼梯，可通达各层。外绕回廊，廊的顶部是用砖制的斗拱，斗拱上施以砖制的天花板，其上雕饰着各式精美的浮雕花纹。从第四层至第七层的天花板改为木制，在板上施以彩画装饰。第八层以上则用砖砌拱顶，无斗拱、天花板。

开元寺塔历史悠久，共经历十一次较大的地震，有些被毁坏。20世纪80年代末，文物部门对此塔进行了整体修缮。

1961年，定州开元寺塔由国务院公布为全国重点文物保护单位。

曲阳修德寺塔

曲阳修德寺塔，位于河北省曲阳县北岳庙前西北数百米处，这里原有一座规模宏大的寺院，名修德寺。因塔在修德寺内，故称"修德塔"。如今寺早已无存，仅孤塔耸立。

根据文献记载，德寺塔始建于北宋天禧三年（公元1019年）。

修德寺塔是八角形砖砌花塔，共5层，高20多米。塔建在一个方形石台后部的中心线上，塔基下部是一个八角形砖座，双重莲瓣承托第一层塔身。第一层塔身正面辟门，内部是供设佛像之处。第一层塔身以上挑出三重莲瓣，上面是一个高大的花束状塔身，这花束式塔身由四个小方塔环绕的五层带状小塔组成，每个小塔下均有莲花承托。花束式塔身上又置四层八角形塔身，与一般花塔形状相比更具特色，是花塔中的特例，极为可贵。塔刹只剩下须弥座和大瓣仰莲。

2006年，曲阳修德寺塔由国务院公布为全国重点文物保护单位。

河·北·省

丰润车轴山花塔

丰润车轴山花塔，位于河北省唐山市丰润县车轴山上。

原来在丰润县城南十公里处，建有辽代花塔、明代无梁阁、清代方形亭阁。1976年唐山发生大地震，这三座古建筑受到严重破坏，方形亭阁和无梁阁全部塌毁，唯有花塔局部震损，塔身、基座还大部保存。

丰润车轴山花塔建于辽代，根据现存塔身形制及雕刻艺术分析，乃是辽代原物。

丰润车轴山花塔是八角形亭阁式化塔，砖砌结构，总高28米。塔身四正面辟门，其余四以砖雕出高大的菩萨像。塔檐下出斗拱，斗拱具有辽代建筑风格。塔檐上置七层方形亭阁式小塔龛，组成花束形塔身，下层塔龛是重层亭阁形式，以上六层是单层亭阁式，与北京房山坨里孔水洞花塔相似。塔刹是重层莲瓣刹座，上置青铜覆钵、宝珠顶。

广惠寺花塔

广惠寺花塔，位于河北省正定县原广惠寺内，又称"广惠寺华塔"。

广惠寺始建于唐贞元年间（公元785—804年），后历代多有修茸。现寺已不存，仅花塔依然屹立。

广惠寺花塔，是三层八角楼阁式砖塔，高四十多米。塔身从一层到三层平面均呈八角形，四正面辟有门，其他四面饰盲窗。

广惠寺花塔第一层塔身四角附建一个六角形单层亭状小塔，檐下设砖制斗拱。第二层塔身出宽大平座，平座四周围以栏杆。第三层塔身以上即是花塔的上半部花束形塔身，约占塔身全高的三分之一，周身满饰高浮雕小塔、力士、虎、狮、象、龙和佛像等。顶部是八角攒尖顶，檐下施以斗拱，最上面是塔刹。

广惠寺花塔的外表原有彩画，由于风雨等自然条件，已不甚清晰。从其造型与雕塑看，广惠寺花塔是花塔类型中造型最为特异、装饰最为富丽的一座，是这一形式的典型代表。

1994—1999 年，对其进行修缮的时候，在塔内发现了宋皇祐年间（公元 1049—1054 年）的游人题记。

1961 年，广惠寺花塔由国务院公布为全国重点文物保护单位。

拱极楼

拱极楼，位于河北省张家口市古城宣化正中，原名"著耕楼"，是宣化南城昌平门上的城楼。

著耕楼建于明永乐二十年（公元 1422 年），因当时守城官军施行团种法而得名。清同治年间改名为"拱极楼"，寓意"保卫边防，拱卫京师"。

拱极楼通高约 22 米，重檐布瓦歇山顶建筑。面阔五间，进深一间，上下两层，四周有回廊，上层四面为小廊，有栏杆围绕。整座

河·北·省

建筑高大宏峻，在门前广场的衬托下，显得格外雄伟壮丽。

拱极楼的结构严格遵循清代官式建筑做法的规制，是一处典型的清代官式建筑范本，具有十分重要的研究价值。

清远楼

游·遍·亭·塔·楼·阁

YOU BIAN TING TA LOU GE

清远楼，位于河北省张家口市古城宣化正中。

清远楼，又名"钟楼"，始建于明成化十八年（公元1482年），是一座重搪多角十字脊歇山顶的高大建筑。

清远楼建在高八米的十字券洞上，南与昌平、北与广灵、东与安定、西与大新四门通衢，与城内镇朔楼、拱极楼成一条轴线。

清远楼外观三层，实两层，通高25米，楼阁高17米，为三开间、六塔椽，前后明间出抱厦，四周设一环形游廊，支立24根粗大廊柱。楼檐是由堪称工艺品的梁、柱以"升"字形支撑。

清远楼上搪为绿色琉璃瓦顶，腰搪、下搪为布瓦顶。梁架斗拱精巧秀丽，循角飞翘，生机盎然。楼上层搪下，悬挂匾额四块，南为"清远楼"，北为"声通天籁"，东为"耸峙严疆"，西为"震靖边氛"。

清远楼内悬有明嘉靖十八年（公元1539年）铸造的"宣府镇城钟"一口，两米多高，重约万斤，用四根通天柱架于楼体上层中央；钟声悠扬洪亮，可传40余里，颇负盛名。

清远楼造型别致，结构精巧严谨，可与武汉黄鹤楼媲美，在国内同属罕见。从清远楼正上方向下看，在七米多高的青瓦堆积的底座上，高17米的楼身很像十字形的建筑物。楼台底座开有东、西、南、北四个左右对称的拱形城门，走在城中大道仰视，可感受到它的威严与雄大。由于其木构技法的卓越之美，后人称清远楼为"第二个黄鹤楼"。

"文革"期间，清远楼遭受严重破坏。1986年，文化部主持对清远楼进了全面的修复。

1988年，清远楼由国务院公布为全国重点文物保护单位。

镇朔楼

镇朔楼，坐落在河北省张家口市古城宣化区的中轴线上，又名"鼓楼"，南与拱极楼、北与清远楼遥相呼应，构成了古城宣化独特的靓丽景观。

镇朔楼是宣化古城内最高大、最宏伟的古代建筑，修建于明代早期，至今已有五百多年的历史。

明正统初期，宣化、张家口、大同一线时常遭受北方蒙古部落的侵扰，年久失修的土城墙抵挡不住蒙古铁骑的冲击，边城军民苦不堪言。正统五年（公元1440年），都察院右副都御使罗亨信在宣府大举城工，将旧城墙加宽加高。同时，在城内建了镇朔楼。《宣府新城之记》碑文写道："即城东偏之中筑崇台，建高楼，崇七间四丈七尺余五寸，深四丈五尺，广则加深之二丈五尺，其檐二级。上置鼓角、漏刻，以司晓昏。"此碑现竖立在镇朔楼之侧。

镇朔楼得名于明永乐七年，镇守宣化府总兵官被封为"镇朔将军"，因而将这座楼取名"镇朔楼"。

镇朔楼为重檐九脊歇山顶式建筑，通高25米，占地面积1000

河·北·省

多平方米。初建时南面塌额曰"镇朔楼"，北面有匾曰"丽谯"，取镇靖高华之义。楼上原置有报时漏刻鼓角，通报十二时辰，现已不复存在。

镇朔楼四周围有回廊，东西廊下保存有碑刻五幢，刻有如下碑文：明正统十一年（公元1446年）《宣府新城之记》，明景泰二年（公元1451年）《宣府新城重刻铭》，清乾隆二十二年（公元1757年）《宣郡修城记》，清同治四年（公元1865年）《重修郡城镇朔楼碑记》、《重修镇朔楼记》。

这些碑文详细记述了宣化城和镇朔楼修建的历史和维修的状况，是后人了解宣化历史的宝贵文献资料。

经历了五百年风雨的侵蚀以及多次的战乱，镇朔楼也多次被毁。清乾隆五年（公元1740年）和同治四年（公元1865年）曾两次修缮。清乾隆五年复修后，南匾存旧，北匾改为"筹边览胜"。

镇朔楼上现存两块木制大匾：一块是悬挂在楼南侧的"镇朔楼"，长6米，高2米，是1987年按照原样复制的；一块是清乾隆皇帝1745年巡视塞北木兰围场，途经宣化时亲笔手书的"坤京屏翰"大匾，两米多高，六米多长，悬挂在楼北侧。

1986年，国家文物局投资五十六万元再次重修镇朔楼，对瓦顶、梁架、装修、地面、墩台、券洞进行了全面的修复，并且重新油饰、彩绘，同时还复制了两米多长，直径150厘米的大鼓一面，置于楼上。

1956年和1982年，河北省人民政府两次公布镇朔楼为省级重点文物保护单位。

1996年，镇朔楼由国务院公布为全国重点文物保护单位。

无梁阁

无梁阁，位于著名太行八陉之一"滏口陉"（今河北峰峰矿区纸坊村）的要道上，原称为"玉帝四明无梁阁"，为砖瓦结构的无梁拱顶建筑。

无梁阁始建于明代隆庆年间（公元 1567—1573 年），清光绪二十年（1896 年）重建。

无梁阁占地面积 300 平方米，建于石拱平台上，券沿雕四龙、二凤和花卉，阁平面方形，重檐顶歇山式。阁内无一梁柱，阁顶支承，在层层出跳的砖制华拱之上，共计 24 层，造成强烈的上升气氛。顶部正中藻井饰以飞龙，四周柱廊上部的上下额枋间，镶嵌形象各异的木雕龙头，刀法精湛，生动异常，具有很高的科学和艺术价值，被世人称为"天下江北第一阁"，是目前国内唯一的明代无梁古建筑，有很高的历史、艺术价值。

文津阁

文津阁，位于河北承德避暑山庄平原区的西部，在千尺雪景区之北。

文津阁建于乾隆三十九年（公元 1774 年），是内廷四阁——北京故宫文渊阁、北京圆明园文源阁、沈阳故宫文溯阁和承德行宫

（避暑山庄）文津阁中最早建成的藏书阁。乾隆帝对此阁极为得意，认为"山庄居塞外，伊古荒略之地，而今则闾阎日富，礼乐日兴，益兹文津之阁，贮以四库之书，地灵境胜，较之司马迁所云名山之藏，岂啻霄壤之分也哉？"

文津阁是仿浙江宁波天一阁的形式修建，占地面积 3600 平方米，主要建筑由门殿、假山、水池、藏书楼、花台、曲池、山石、月门等组成。

文津阁建造手法匠心独运，按《易经》"天一生水，地六成之"的法则，以水克火之意设计、命名，自成气候。四周砌低矮白灰花墙，内外水渠分隔。门殿三楹面南，进深两间，后有门厦。东门三开间，进深一间，东有厦廊。

主楼六楹面南，西稍间为楼梯间，面宽收进三分之二，总长两千六百多米；进深五间，前后设廊。外观重檐两层，内部结构三层。中层藏书为底檐全部遮挡，防止阳光直射。顶层六间相通意为"天一"，底层六间分隔谓之"地六"。阁前砌平台，台下聚池潭，潭内映弯月，时隐时现。池南假山嶙峋，四围古树峥嵘，藓草涵孕。

文津阁碑立在东侧，碑高 532 厘米，宽 138 厘米，厚 58 厘米。碑跌、碑身、碑首周边雕蟠螭纹和雷纹图案，正面用满、汉文字镌《文津阁记》，背面镌《题文津阁》，东侧镌《四库收精要》，西侧镌《建由甲午成乙未》，均由乾隆御笔亲题。

文津阁建成之初，收藏《古今图书集成》万卷、《御制诗》四集，1785 年又将誊写的第四部《四库全书》藏于其中。这部《四库全书》共 36，304 册，分装 6144 个书函，陈列摆放在 128 个书架上，是七部《四库全书》中保存最为完整并且至今仍是原架、原函、原书一体存放保管的唯一一部。辛亥革命后，这部《四库全书》运往北京图书馆。

阳原县玉皇阁

阳原县玉皇阁，坐落在河北省阳原县东城北街，是阳原县目前保存最完好的古代建筑之一。

据赵可化《东城建玉皇阁记》，该阁建于明嘉靖四十一年（公元 1562 年）。清咸丰七年（公元 1857 年）正月十五，道士烧香不慎失火，三层殿阁尽毁，铜铸玉皇大帝的一条腿也被熔化，后用泥浆补上。同治八年（公元 1869 年）重建。1984 年重修。2004 年进行了大规模修缮。

玉皇阁高达 20 余米，占地 300 多平方米。台基为矩形，底部长约 20 米、宽 16 米、高 7 米。底层用石砌地基，清水砖墙，整体呈倒置的斗，一坡到顶，远观形似城楼。台基南北向开辟拱形门洞，正面门洞两旁放置一对石狮。门洞四米多高，三米多款，长 16 米。门洞前顶部有一石刻横匾，镌刻"永安"二字。台基上面周遭为透空或实体砖砌的矮墙，高 130 厘米。南向墙正中，配设一拱形的栅栏门，上书"南天门"。阁的东面设踏步登阁。

玉皇阁阁前立有重修碑，高 150 厘米，碑头雕二龙戏珠，中间镌刻有南极仙翁，两边镌刻八洞神仙，碑上铭刻"重修玉皇阁碑记"。铭文的开篇曰："盖闻上古之世，尤旧者易，创新者难。创新而舍旧以图新尚易，尤旧而鼎新以任旧则尤难。此故理之常也"。后面所刻写立碑时间为："大清咸丰岁次庚申年，孟冬月谷旦"。

从碑记看，明确示意后人，此次重修照原样修复，实属不易，故仿效旧样，有所改动。

1993 年被确定为省级重点文物保护单位。

大悲阁

大悲阁，位于石家庄市正定县城东门里隆兴市内，又名"佛香阁"、"天宁阁"。

大悲阁始建于北宋开宝四年（公元 971 年），宋太祖驻跸正定，于七月在隆兴寺建大悲阁，并铜铸大悲菩萨像于阁内。

大悲阁高 33 米，五檐三层，面阔七间，深五间，为歇山顶，上盖绿琉璃瓦。阁内正矗立着高大铜佛铸像——正定大菩萨。

正定大菩萨高约 22 米，有 42 臂，下有两米多高的石须弥座，是我国现存铜像中最高的一座。佛像体纤细颀长，比例匀称，衣饰流畅，腰部以下尤佳，富有宋代艺术风格。须弥座全长 30 多米，其中正前面长约 13 米，东、西侧面长约六米，东、西翼长约四米。由上枋、上枭、束腰、下枭、下枋、圭脚组成，高约 3 米。须弥座的上枋，壶门内刻有纹饰图案、伎乐、飞天、盘龙等精美宋代雕刻。42 臂分别执日、月、净瓶、宝杖、宝镜、金刚杵等法器。与沧州狮子、定州塔、赵州大石桥并称为"河北四宝"。

大悲阁阁内有楼梯直达顶层，可纵览正定古城风光。

游·遍·亭·塔·楼·阁

YOU BIAN TING TA LOU GE

黑龙江省

齐齐哈尔市望江楼

齐齐哈尔市望江楼，坐落在黑龙江省齐齐哈尔市龙江公园劳动湖东畔的假山上。门楣匾额上题有"望江楼"三个笔力遒劲红底镏金的大字，日照之下熠熠生辉。

据西壁《望江楼志》载：望江楼始建于光绪七年四月，为督办宁古塔边务钦差大臣吴大徵所建。

望江楼高约8米，东西各长8米，南北宽约7米，面积约为53平方米。

望江楼为两层小楼，作为中国传统大屋顶建筑，青瓦翘檐，镂空花窗，不高但古朴，不大但沧桑。楼前廊上的木雕花窗上有狮首、八仙兼以花卉木刻，彩绘优美，技艺精湛，巧夺天工，蓝檐红柱形成鲜明的对比；廊下有一组砖刻浮雕，承西阁大石桥，表现为南方园林三景。整个建筑古色古香，处处展现清代遗风，未进其内，一派钟灵毓秀的气息已扑面而来。

望江楼室内陈列着吴大徵当年留下的笔、墨、砚、书画等；沿楼后扶梯而上，极目远眺，隔岸平畴沃野，一碧万顷，视线绵延开去，但见黛绿色的群山环在天际，峰峦叠翠，稀稀疏疏的村庄偃卧其间，偶见炊烟升起，如画江山尽收眼底，心境顿时开朗。

为了纪念吴大徵，1992 年宁安市人民政府、宁安建筑局等有关部门把望江楼整修一新，列入文物保护单位。

河南省

无影塔

无影塔，位于河南汝南城南，相传冬至正午无塔影，故称"无影塔"。又有传闻说，无影塔为唐代和尚悟颖所建，故又称"悟颖塔"。

从塔的建筑结构分析，无影塔应建于北宋早、中期，为豫南地区现存最古的砖塔。

无影塔面南而建，呈六角形，为九级楼阁式砖塔，高约二十余米。塔身自第一层以上宽度渐小，高度亦均匀递减，故塔之轮廓呈现优美之抛物线形；塔身下为单层须弥座，束腰部分嵌有砖雕花卉及动物画像。在须弥座上，设五铺作斗拱。塔身第一层南壁有圆券门，北壁有砖刻球纹格扇门，其余四壁则有砖刻球纹格眼的方形假窗及破子棂假窗，造型优美，玲珑秀丽。塔檐下为仿木结构的斗拱装饰，各层塔壁或嵌砌佛像雕砖，或辟设圭门、壶门、圆券门。翼角下为砖雕双瓣之老角梁头，衬以砖雕飞檐、瓦件，形似飞鸟展翼。

1984 年修葺时，在第八层中间发现一块长 45 厘米，宽 28 厘米，厚八厘米的石刻志名，上刻有"隆庆元年崇藩施财重建宝塔"字样。

2006 年 3 月 31 日，无影塔，被列为全国重点文物保护单位。

洛阳齐云塔

洛阳齐云塔，位于河南省洛阳市老城东 12 公里处的白马寺门外东南约两百米。

据隋代费长房《历代三宝记》，也称《长房录》的记载：齐云塔我国第一座佛教寺院白马寺的释迦舍利塔。

齐云塔始建于五代，具体年代不详。北宋末被毁。后金代重建。

现在的齐云塔旁有一通金大定十五年（公元 1175 年）所刻的建塔石碑，说明在此前五十年，"遭劫火一炬，寺与浮屠俱废"，有一位彦公大士"重建砖浮屠 13 层，高 160 余尺"。

现存之塔即为金代遗物，至今已有八百多年的历史，是洛阳现存最早的重要古建筑之一。

齐云塔，平面呈四方形，九层密檐式砖塔，高约 25 米。第一层塔身比较高大，下为方形须弥座，底部每边各长约八米。第一层塔檐下面砖砌仿木构式斗拱。自第一层塔身以上出叠涩短檐 13 层。塔檐挑出部分微具凹线，尚存唐塔遗风。

整座齐云塔外部造型略呈抛物线形状，造型优美。自第五层以上塔身急剧收杀，使塔身上部较圆和。塔顶置宝瓶式塔刹。

滑县明福寺塔

滑县明福寺塔，位于河南省滑县老城明福寺。

明福寺始建于隋仁寿四年（公元604年），由滑县居士杜明福捐宅而建，故名"明福寺"。唐开元年间（公元713—741年）扩建寺院。

明福寺塔始建于唐宝历二年（公元826年），后遭到损坏。北宋年间重建，保存至今。现明福寺已毁，唯塔独存。

明福寺塔为七级楼阁式砖塔，通高43米，底面直径11米，平面呈八角形，整座塔由塔基、塔身、塔刹三部分组成。塔基由青石砌筑，南面有石台阶和平台。台基上置塔身，自下而上各层高度及面阔逐层收敛，通体呈楔形状。第一层6米多高，南面辟拱券门，塔身通体嵌砌方砖，砖面作圆龛，龛内雕刻佛像。转角处有八根倚柱，柱身以仰俯莲瓣分成竹节状，为其他砖塔所罕见。檐下置砖雕斗拱承托出檐，檐上施平座。

从第二层到第七层做法相似，四正面辟门，五层与七层四隅面分别施直棂盲窗。顶层角梁悬挂8个风铎。外壁镶嵌50余种、1000多块佛像砖。

滑县明福寺塔塔内中空，结构与外檐分层相同，原有木质楼板，现已不存。塔身内有梯道，盘旋可至塔顶。顶置塔刹原为八角亭形，现已佚失，后维修时改为现在的桃形塔刹。

明福寺塔建筑结构严谨，是河南省现存重要的宋塔之一，2001年由国务院公布为全国重点文物保护单位。

妙乐寺塔 🌸

妙乐寺塔，位于河南焦作武陟县城西，又名"妙乐寺真身舍利塔"，为国内现存规模最大、保存最完整的五代塔之一。

妙乐寺塔建于唐，后周显德二年（公元955年）重修。据碑载：佛祖舍利灵骨，建宝塔一十九所，妙乐寺塔其一也，序列第十五。

妙乐寺塔为13层迭涩式砖身呈方形，高30余米。塔身自下而上每层高度均匀递减，第二层到十三层南面各一龛，龛内置铜佛，其余壁面，间或辟设佛龛，亦置铜佛。每层层檐的翼角下，有木质角梁，梁头悬铁风铃。塔顶铁刹为铜制鎏金，高约7米，由须弥座、七级相轮、宝华盖、水烟、仰月、三重宝珠、刹尖组成，刹柱上有铁链四根，系于塔顶四角，由四尊鎏金铜师镇压。塔心室为方形，室壁为竖井形，每层设楼板和楼梯。

妙乐寺塔塔顶上长有两株木槿树，明赵贞吉过妙乐塔有诗云："洪流千古意，孤塔往来心，寂寂留双槿，花开不计春"。

1963年6月，妙乐寺塔被公布为河南省第一批省级文物保护单位。

赤崁楼 🌸

赤崁楼，位于台南市中区赤崁街与民族路交叉口上。

赤崁楼，原为荷兰人所建。早期的汉人称荷兰人为"红毛"，所以也把赤崁楼叫做"红毛楼"，或称"番仔楼"。

赤崁楼初建于公元1650年，据说其建材皆由荷兰人自海外运来，由于天灾战乱，赤崁楼除城垣外，皆倾颓殆。光绪五年，中国式传统亭台楼阁在原有基座上慢慢取代了原有的荷式城堡建筑，大士殿、蓬壶书院、五子祠、海神庙、文昌阁都在此时出现，赤崁楼也经风灾被毁坏，后日本人重新修建，赤崁楼改为陆军卫戌医院。

1935年，赤崁楼被指定为重要史迹。

春秋楼

春秋楼，位于河南省许昌关帝庙内。

春秋楼又名"大节亭"，曾以"关公宅"、"关王庙"、"武安王庙"、"两院英风庙"、"关帝庙"称之。现位于许昌市中心文庙前街中段，为明清风格建筑群。

据《三国志·蜀书》载："建安五年（公元200年），曹公东征，先主奔袁绍，曹擒羽以归，拜为偏将军，礼之甚厚"。相传关羽下邳兵败后，为保刘备的甘糜二位夫人，归附曹营入许。曹赐羽宅第一处。羽避其嫌，将一宅分为两院，两位皇嫂居内院，自己住外院，晨夕问安，夜读春秋，秉烛达旦，传为美谈。

后人为昭彰关羽忠义，在许昌建庙以祀之，庙内兴建一楼，名曰"春秋楼"，俗称"秉烛达旦处"，是许昌十景之一。

春秋楼创建于元至元八年（公元1271年），曾经元、明、清历代多次修葺，原来外院的钟鼓楼、中殿、后殿，内院的关帝三代祠、昭烈皇后祠、问安亭都先后毁于战争，只残留了春秋楼。

1995 年对春秋楼文物景区进行修复，投资一千五百万元，保持"两院英风"的格局，总占地面积两万平方米。

春秋楼为砖木结构，重檐歇山式，高达 30 多米，殿顶覆盖绿色琉璃瓦，面阔 3 间，周围 16 根廊柱，楼上楼下均带回廊，青石柱础上雕有花、鸟、虫、鱼和人物等图案。

春秋楼建筑结构严谨，造型大方，廊轩昂然，金碧辉煌。

春秋楼下有石碑两通：一通是明景泰六年（公元 1455 年）所立《关王辞曹操之图》石碑，上为关羽辞曹操书原文，下为关羽辞曹图，图案线条清晰流畅；另一通相传为唐画圣吴道子所画关公像，为刘宗周翻刻。

河南花戏楼

河南花戏楼，位于河南省禹州市神垕镇。

据说，花戏楼建于明代弘治年间（1488—1505 年）。

河南花戏楼在结构上属于九脊歇山顶、挑角单檐式建筑。屋顶由三色琉璃瓦覆盖，组成古朴大方的菱形图案。屋檐下边有 24 根攒斗拱和 4 个转角铺就。面阔 4 柱 3 间，主间宽约 4 米，东西次间宽约 3 米，进深皆 6 米多。

花戏楼现为省级文物保护单位。

湖北省

双凤亭

双凤亭，位于湖北汉口城北43公里处黄陂县鲁台镇的鲁台山上。

双凤亭是为纪念北宋著名理学家程颐、程颢兄弟而建的，占地面积36平方米。因程氏兄弟生于黄陂，宋代即在黄陂县城内建亭。明天顺七年（公元1463年）复建亭于鲁台山麓二程祠内。清康熙五年（公元1666年）移到此地，道光二十三年（公元1843年）被大风刮倒。现存双凤亭系清道光二十八年（公元1848年）重建。

传说程夫人侯氏曾梦双凤投怀，又因为二程聪颖过人，道德文章名满天下，人称双凤，"双凤亭"因此而得名。

双凤亭亭高10米，三层檐，六角攒尖顶，青筒瓦面，琉璃宝顶，翼角飞展。上层梁架兼用楠本与樟木，底层柱枋皆为石材，造型精工，构筑坚固。亭中立石砌方形碑阁，四面嵌建亭碑记。正面所悬"双凤亭"匾额为郭沫若题书。

亭东可望流矢湖，为二程当年习射之所，田畴万顷，湖光掩映；亭西溪水蜿蜒，流碧如带。历代文人雅士，于此吟咏者颇多。

双凤亭，现在是湖北省重点文物保护单位。

胜象宝塔

胜象宝塔，原在湖北省武汉市武昌黄鹤矶头黄鹤楼旧址前，与黄鹤楼相对。塔虽不高大，但江上往来船只很远即可看到。因塔形似灯笼，曾误称其为"孔明灯"。1955年，将此塔迁建于蛇山黄鹤楼前。

地方志和《寰宇访碑录》记载：胜象宝塔建于元至正三年（公元1343年），是威顺王宽彻普化世子所建，称"大菩提佛塔"，用以供奉舍利和安藏佛教法物。

胜象宝塔为覆钵式塔，总高9米多，结构主要是石砌，内部塔室使用少量的砖。塔外观分作须弥座、覆钵形塔身和塔刹三部分。须弥座为十字折角形，四周分别雕有云神、水兽、莲瓣、金刚杵、梵文等装饰。塔身为覆钵，覆钵上为塔刹。刹座也作须弥座形式，刹身为3层相轮，上刻莲瓣承托石刻宝盖，下刻"八宝"花纹，宝盖上刹顶为铁制宝瓶。

胜象宝塔塔内中空，塔心室封闭，室内发现一石幢，高1米多，呈八角形，下为圆座，顶刻各种莲花装饰。在塔心室有一铜瓶，瓶底刻有"洪武二十七年岁在甲戌九月乙卯谨志"16个字。由此可知，塔心室曾于洪武二十七年（公元1394年）被打开过或是对塔进行过修葺。

广德寺多宝塔

广德寺多宝塔，位于湖北省襄樊市襄阳县城西约 13 公里处广德寺内。

广德寺，原名"云居寺"，始建于隋、唐时期。后寺毁。明景泰年间（公元 1450—1457 年）重建，原位于隆中山。成化年间（公元 1465—1487 年）迁现址，改名"广德寺"。明末又被毁，仅存多宝佛塔。清代重修。

多宝塔，建于明弘治七至九年（公元 1494—1496 年），高约 17 米。塔为砖石合砌金刚宝座形式，下为一高大的八角形台座，座下有一低平的塔基。宝座高约 8 米，塔身外壁嵌有佛龛。台座四面辟拱形石券门，正门上有一方石匾，上刻"多宝佛塔"四字。各面正中置石龛，龛内有一尊汉白玉佛像。座顶八面叠出短檐。进门后有甬道入塔室，内砌八角形柱，每面设佛龛，龛内雕坐佛。塔室内甬道一侧有石阶盘旋至台座上。台座上分立五塔，正中一塔为覆钵式塔，体量较为高大，高约 10 米，下为八角形须弥座，上刻覆莲瓣四层，其上承覆钵式塔身，塔身上再承须弥座，置"十三天"相轮，塔刹为石雕宝珠。

四隅小塔为六角形密檐式实心塔，较为低矮，高约 7 米。在小塔下有雕刻精细的石制须弥座，为三级塔身。须弥座为白色，与青灰色砖砌塔身，形成鲜明对比，色彩分明。在小塔外壁有石雕佛龛，每龛内供奉一尊石佛。塔内外共有石佛 48 尊，故名"多宝佛塔"。

多宝塔结构严谨，形制古朴，造型独具特点。其额、枋、斗拱等建筑构件和石龛、佛像及装饰纹饰雕刻手法既体现了中国建筑的传统风格，又吸收了印度佛塔建筑的特点，是我国仅存的少数几座金刚宝座式塔之一。尤其下部八角形台座为金刚宝座式塔中所罕见。

1988年，广德寺多宝塔由国务院公布为全国重点文物保护单位。

黄鹤楼

黄鹤楼，位于湖北省武汉市。

黄鹤楼，是中国历史上著名的三大名楼之一，一百年前被大火焚毁；1985年重建在长江之滨。昔日的黄鹤楼有"天下绝景"之称，今日的黄鹤楼更雄伟、壮丽。

据史料记载，黄鹤楼始建于三国。1700多年来，屡建屡毁，仅明清两代，就被毁七次，重建和维修了数十次。

黄鹤楼因何得名？

史书记载是因为此楼建在黄鹤矶上，仙人王子安乘黄鹤经过此地在这里休憩而得名。而民间传说的是，辛家在黄鹤山上卖酒，有道士前来饮酒，辛家并不索要酒钱。道士临别时，随手用橘皮在墙上画了只黄鹤，酒客拍手即下来起舞，辛家酒店生意日益红火。十多年后，道士又来到此地，吹起玉笛，跨鹤仙游。辛家于此地建了黄鹤楼，以示纪念。

唐代李吉甫编写的《元和郡县志》中却记载："吴黄武二年，城江夏，以安屯戍地也。城西临大江，西南角因矶为楼，名黄鹤楼。"由此来看，黄鹤楼的前身又只是军事上用的守望楼。

黄鹤楼濒临万里长江，雄踞蛇山之巅，挺拔独秀，辉煌瑰丽，很自然就成了名传四海的游览胜地。历代名士崔颢、李白、白居易、贾岛、陆游、杨慎、张居正等，都先后到这里游乐，吟诗作赋。

"昔人已乘黄鹤去，此地空余黄鹤楼。

黄鹤一去不复返，白云千载空悠悠。

晴川历历汉阳树，芳草萋萋鹦鹉洲。

日暮乡关何处是，烟波江上使人愁。"这首唐代诗人崔颢的题咏，使黄鹤楼赢得"天下江山第一楼"的美誉。

《送孟浩然之广陵》：

"故人西辞黄鹤楼，烟花三月下扬州。

孤帆远景碧空尽，惟见长江天际流。"

这首李白的名作，更让黄鹤楼名声大振。

"遥望中原，荒烟外，许多城郭。

想当年、花遮柳护，凤楼龙阁。

万岁山前珠翠绕，蓬壶殿里笙歌作。

到而今，铁骑满郊畿，风尘恶！

兵安在？膏锋锷。民安在？填沟壑。

叹江山如故，千村寥落。

保日请缨提锐旅，一鞭直渡清河洛！

却归来再续汉阳游，骑黄鹤。"

南宋爱国将领岳飞在《满江红·登黄鹤楼有感》中抒发的激烈情怀，让我们深刻体会到了他高尚的爱国情操。

重建的黄鹤楼楼高49米，共5层，攒尖顶，层层飞檐，四望如一。在主楼周围还建有仙枣亭、石照亭、胜象宝塔、碑廊、山门等建筑。整个建筑具有独特的民族风格。

黄鹤楼内部，层层风格不相同。底层为一高大宽敞的大厅，其正中藻井高达10多米，正面壁上为一幅巨大的"白云黄鹤"陶瓷壁画，讲述了历代有关黄鹤楼的神话传说；两旁立柱上悬挂着长达7米的楹联：爽气西来，云雾扫开天地撼；大江东去，波涛洗净古今愁。二楼大厅正面墙上，有用大理石镌刻的唐代阎伯理撰写的《黄鹤楼记》，它记述了黄鹤楼兴废沿革和名人轶事；楼记两侧为两幅壁画，一幅是"孙权筑城"，形象地说明黄鹤楼和武昌城相继诞生的历史；另一幅是"周瑜设宴"，反映三国名人去黄鹤楼的活动。三楼大厅的壁画为唐宋名人的"绣像画"，如崔颢、李白、白居易、陆游等，并摘录了他们吟咏黄鹤楼的名句。四楼大厅用屏风分割成了几个小厅，内置当代名人字画，供游客欣赏、选购。顶层大厅有《长江万里图》等长卷、壁画。

与岳阳楼、滕王阁相比，黄鹤楼的平面设计为四边套八边形，谓之"四面八方"。从楼的纵向看各层排檐与楼名直接有关，形如黄鹤，展翅欲飞。整座楼的雄浑之中又不失精巧，富于变化的韵味和美感。

晴川阁

晴川阁，又名"晴川楼"，位于武汉市汉阳区晴川街，坐落在长江北岸、龟山东麓的禹功矶上，北临汉水，东濒长江。

晴川阁与武昌黄鹤楼夹江相望，江南、江北，楼阁对峙，互为衬托，蔚为壮观，有"三楚胜景"之称。

晴川阁始建于明嘉靖年间，汉阳知府范之箴在修葺禹稷行宫（原为禹王庙）时所增建，取崔颢《黄鹤楼》中的"晴川历历汉阳树"句意命名。

嘉靖至今 400 多年，晴川阁也同禹稷行宫几经兴废，先后进行过五次大的维修增建，两次重建，最后一次为清同治三年（公元 1864 年）汉阳郡守钟谦重建。

1935 年晴川阁倒塌。

1983 年武汉市人民政府组织修葺禹稷行宫后，重建晴川阁。现存晴川阁依据清末晴川阁的历史照片及遗址范围复建。

复建后的晴川阁占地面积接近四百平方米，高约 18 米，麻石台基，红墙朱柱，钢筋混凝土仿木结构，阁楼为重檐歇山顶式，屋顶前方仍设一水骑楼，匾书"晴川阁"三字。其规制略有扩大，整个楼阁分上下两层，沿檐回廊。其底层面阔五间，通长 20 几米；进深四间，通宽 16 米；两层飞檐挂四角铜铃；大脊两端为龙形饰件；两层回廊，圆柱朱漆；斗拱梁架，通体彩绘；对联匾额，字字贴金。

湖南省

双清亭

双清亭，伫立在湖南省资江、邵水汇合的砥柱矶上，数百年来，一直被誉为"宝庆十二景"之一。

双清亭始建于北宋。元朝元贞元年（公元 1295 年），郡首书"天开图画"于亭上。明湖广巡抚赵贤书"双清胜览"。自此，"双清胜览"闻名遐迩。

双清亭之外建有亭，在资江砥柱矶上，名"亭外亭"。明朝刑部尚书顾璘亲题"砥柱矶"三字。亭外亭上有清末诗人徐小松写的一幅楹联：云带钟声穿树去，月移塔影过江来。现用楠木草书镌刻于亭外亭上。

1956年9月，双清亭经市人民政府修复并扩建成公园。1978年，市人民政府再次拨款重新修葺，使双清公园焕然一新。

爱晚亭

爱晚亭，位于湖南长沙岳麓山半山腰上，与安徽醉翁亭、北京陶然亭、杭州湖心亭齐名，被誉为"中国四大历史名亭"。

爱晚亭始建于清乾隆五十七年（公元1792年），为岳麓书院院长罗典创建，原名"红叶亭"，后由湖广总督毕沅根据唐代诗人杜牧《山行》中的诗句"远上寒山石径斜，白云深处有人家。停车坐爱枫林晚，霜叶红于二月花"，改名"爱晚亭"。

爱晚亭坐西向东，三面环山，原为木结构。同治初（公元1862—1870年）改为砖砌，古朴典雅，为平面正方形，边长约7米，通高12米。

爱晚亭在抗日战争时期被毁，1952年重建，1987年大修。

爱晚亭重檐八柱，琉璃碧瓦，亭角飞翘，自远处观之似凌空欲飞。内金柱圆木丹漆，外檐柱四根，由整条方形花岗石加工而成。亭顶重檐四披，攒尖宝顶；四翼角边远伸高翘，覆以绿色琉璃筒瓦。亭中彩绘藻井，东西两面亭桢悬以红底鎏金"爱晚亭"额，是由当时的湖南大学校长李达专函请毛泽东主席所书手迹而制。亭内立碑，上刻毛泽东主席手书《沁园春·长沙》诗句，笔走龙蛇，雄浑自如，更使古亭流光溢彩。

爱晚亭三面环山，东向开阔，纵横十余丈，紫翠菁葱，流泉不断。亭前有池塘，桃柳成行。四周皆枫林，深秋时红叶满山。

在亭前的石柱上刻有一幅对联："山径晚红舒，五百夭桃新种得；峡云深翠滴，一双驯鹤待笼来"。

岳阳楼

岳阳楼，屹立于湖南省岳阳市西北的巴丘山下，地面海拔约55米。

岳阳楼景区内陆地东西长约130米，南北长约300米，陆地投影总面积约4万平方米。

岳阳楼前瞰洞庭，背枕金鹗，遥对君山，南望湖南四水，北眺万里长江，自古就有"洞庭天下水，岳阳天下楼"之誉，与江西南昌的滕王阁、湖北武汉的黄鹤楼并称为"江南三大名楼"。

东汉末年，孙权手下的大将鲁肃奉命镇守巴丘，操练水军，在洞庭湖接长江的险要地段建筑了巴丘古城。建安二十年（公元215年），鲁肃在巴陵山上修筑了阅军楼，用以训练和指挥水师。阅军楼临岸而立，登楼可观望洞庭全景，湖中一帆一波皆可尽收眼底，气势非凡，这就是岳阳楼的前身。

阅军楼在两晋、南北朝时被称为"巴陵城楼"，到唐朝时期开始称为"岳阳楼"。

宋庆历四年（公元1044年），范仲淹被贬至岳州，当时的岳阳楼已坍塌，于庆历五年在广大民众的支持下重建了岳阳楼，并作《岳阳楼记》，使得岳阳楼享誉中外，原文如下：

庆历四年春，滕子京谪守巴陵郡。越明年，政通人和，百废具兴，乃重修岳阳楼，增其旧制，刻唐贤今人诗赋于其上，属予作文以记之。

予观夫巴陵胜状，在洞庭一湖。衔远山，吞长江，浩浩汤汤，横无际涯；朝晖夕阴，气象万千；此则岳阳楼之大观也，前人之述备矣。然则北通巫峡，南极潇湘，迁客骚人，多会于此，览物之情，得无异乎？

若夫霪雨霏霏，连月不开；阴风怒号，浊浪排空；日星隐耀，山岳潜形；商旅不行，樯倾楫摧；薄暮冥冥，虎啸猿啼；登斯楼也，则有去国怀乡，忧谗畏讥，满目萧然，感极而悲者矣！至若春和景明，波澜不惊，上下天光，一碧万顷；沙鸥翔集，锦鳞游泳，岸芷汀兰，郁郁青青。而或长烟一空，皓月千里，浮光跃金，静影沉璧，渔歌互答，此乐何极！登斯楼也，则有心旷神怡，宠辱偕忘、把酒临风，其喜洋洋者矣！

嗟夫！予尝求古仁人之心，或异二者之为，何哉？不以物喜，不以己悲，居庙堂之高，则忧其民；处江湖之远，则忧其君。是进亦忧，退亦忧；然则何时而乐耶？其必曰："先天下之忧而忧，后天下之乐而乐矣！"噫！微斯人，吾谁与归！

时六年九月十五日。

明崇祯十一年（公元1638年）毁于战火。此后，进行多次过修缮。

清光绪六年（公元1880年），知府张德容对岳阳楼进行了一次大规模的整修，将楼址内迁20多米。

岳阳楼在1700多年的历史中，几经风雨沧桑，屡毁屡建，有史可查的修葺共30余次。每次重修后，"则层檐冰阁，岌颂于其上，文人才士登眺而徘徊"；圮毁之时，"则波巨浪，冲击于其下，迁客骚人矫首而太息"（清朝张德容《重修岳阳楼记》）。

民国末年，楼身已破旧不堪。新中国成立后，党和政府多次拨款对岳阳楼进行了维修，还新建了怀甫亭、碑廊，重建了三醉亭和仙梅亭等古迹。

岳阳楼高20多米，三层四角，占地251平方米。楼体为纯木结构，中部以四根直径50厘米的楠木大柱直贯楼顶，承载楼体的大部分重量，再用12根圆木柱子支撑两层楼，外以12根梓木檐柱，顶起飞檐，彼此牵制，结为整体，全楼梁、柱、檩、椽全靠榫头衔接，相互咬合，稳如磐石；楼顶为层叠相衬的"如意斗拱"托举而成的盔顶式，这种拱而复翘的古代将军头盔式的顶式结构在我国古代建筑史上是独一无二的。

岳阳楼是目前我国最大的盔顶建筑，是江南三大名楼中唯一的一座保持原貌的古建筑，它的建筑艺术价值无与伦比。1988年1月由国务院公布为全国重点文物保护单位。

芙蓉楼

芙蓉楼，坐落在沅、舞水汇流之处的湖南洪江市黔城镇。

据传，唐天宝七年（公元748年），王昌龄被贬为龙标（即今黔阳县）尉后，曾建"芙蓉楼"，为饮酒赋诗、宴宾送客之地。因年久失修，旧址荒芜。清嘉庆二十年（公元1815年），当地为纪念这位著名诗人，在城西香炉岩辟地作园，依名修建芙蓉楼。现建筑为清道光十九年（公元 1839 年）重修。

现在的芙蓉楼占地 4000 多平方米，为古典园林建筑，北廊临江，依林踞阜。筑叠巧思、错落有致，被誉为"楚南上游第一胜迹"。

芙蓉楼主楼背廊临江，纯木结构，正面三间，重檐歇山顶，二层有明轩可供远眺。周围有冰心玉壶亭、耸翠楼、半月亭等古迹，与自然的山石、江水、林木巧成布局，构成了"登眺则群山拱翠，俯视则万木交阴，沅水自北来环其下"的壮丽景象。

1956 年 6 月，湖南省人民政府公布"芙蓉楼"为湖南省重点文物保护单位。

天心阁

天心阁，位于湖南省长沙市中心地区东南角上，是长沙古城的一座城楼，是长沙重要的名胜，也是长沙仅存的古城标志。

天心阁始建于乾隆十一年（公元 1746 年），由抚军杨锡被主持修建。阁名引《尚书》"咸有一德，克享天心"之意。天心阁总建筑面积八百六十四平方米，在 1938 年长沙"文夕"大火时，化为一片瓦砾。

新中国成立后，于 1983 年重建，建于明城垣上，垣高约 18 米，地势海拔 60 余米，高出市区 30 米。重建后的天心阁呈弧状分布，为仿木结构，栗瓦飞檐，朱梁画栋，主、副阁各三阁，间以长廊。主阁由 60 根木柱支撑。两翼各有两层副阁，上有 32 个高啄鳌头，

32 副阁角挂 32 只风马铜铃、十条龙。

阁前后石栏杆上雕有 62 头石狮，还有车、马、龙、梅、竹、芙蓉等石雕，体现了长沙楚汉名城的风貌，另外阁内还珍藏了许多名人字画。

天心阁主阁南面有"天心阁"匾额，北面"楚天一览"匾额。

现在，天心阁为市级文物保护单位。

常德诗墙四阁

常德，古名"武陵"，位于湖南省西北部，被称为"黔川咽喉，云贵门户"，2000 多年前建成，素有"文物之乡"的称号。

近年来，国家投资 10800 万元，以长约 2000 米防洪墙为载体，修建了一座旨在弘扬中华传统文化，加强爱国主义教育的诗墙，命名为"中国常德诗墙"。

诗墙荟萃了中国当代名家诗词、书法、美术精品镌刻于一墙，被称为世界最长的诗、书、画、刻艺术墙，获"吉尼斯之最"。

诗墙上武陵阁、春申阁、排云阁、渔夫阁四大楼阁耸立，既是防洪闸口，又为古城增添了深厚的文化底蕴，使诗墙和公园显得古香古色。

武陵阁，高矗七层，为四阁中最大的一阁，内设诗墙博物馆。阁名为中国书协副主席李铎题写，馆名为著名文物专家杨仁恺题写。

春申阁，诗墙的第二大阁，由阁名可以看出是为纪念战国四君子之一的春申君而建。

排云阁，以朗州司马刘禹锡"晴空一鹤排云上，便引诗情倒碧霄"而命名的。

渔父阁，为纪念近代著名资产阶级革命家宋教仁（常德桃源人，号桃源渔父）而修建。

江苏省

四望亭

四望亭，在江苏省扬州市县学街东首，汶河路西侧。

其始筑年代，一说南宋嘉定年间，一说明朝嘉靖时。《万历江都县志》引宋《宝佑志》云："四望亭在州治南，宁宗嘉定年间（公元 1208 – 1224 年），特授直宝谟阁、权发遣扬州事、主管淮东安抚司事崔与之建。"

《乾隆江都县志》载，始建于明嘉靖三十八年（公元 1559 年），清康熙、雍正年间均曾修葺。原名"文奎楼"，后名"魁星阁"，是江都县学的组成部分。

四望亭为砖木结构，八面三层，攒尖式瓦顶。底层四面皆有拱门与十字街道相通，故有"过街亭"之称；二、三层围以古朴的窗栏隔扇；登梯而上，推窗四眺，市区附近景色可一览无余。每层亭檐有八个飞角，每个飞角都有风铃，三层共 24 个，微风吹来，风铃鸣响，声调悠扬。

四望亭经过多次维修，面貌焕然一新。朱红色的门窗，粗实的立柱，柱间连以拱枋，二至三层八面设花格窗，雕刻精美，富有浓郁的地方色彩，整体建筑表现出雄浑瑰丽、稳重大方的特色。

1962 年，四望亭被公布为市级文物保护单位。

大钟亭

大钟亭，位于江苏南京城中心鼓楼岗上。

大钟亭建于明洪武十五年（公元 1382 年），分上下两层，下层为拱形无梁城阙，上层为重檐四坡顶，龙飞凤舞，雕梁画栋，十分壮观。

鼓楼楼上原为明代迎王迎妃、接诏报时之所，有报时和仪仗用的大鼓两面、小鼓 24 面、云板一面、点钟一面、牙杖四根、壶房铜缸一座，以及其他乐器，明亡后已散失。

康熙在 1684 年南巡时曾来此楼，次年在楼上立一巨碑，改"鼓楼"为"碑楼"。

大钟亭中悬挂洪武二十一年（公元 1388 年）铸造的紫铜鸣钟一只。此钟原是悬于金川门内的钟楼，清康熙初年，钟坠道旁，半陷土中，清末移至此。大钟质精形美，声音洪亮，顶部凸铸莲花瓣纹一周，提梁上饰以云纹和波浪式卷角，钟上有"洪武二十九年吉日铸"铭文。

沧浪亭

　　沧浪亭，位于江苏省苏州市城南三元坊附近，是世界文化遗产。

　　"沧浪亭"最初为五代时吴越国广陵王钱元璙近戚中吴军节度使孙承祐的池馆。宋代著名诗人苏舜钦以四万贯钱买下此地，进行修筑，傍水造亭，因感于屈原的"沧浪之水清兮，可以濯吾缨；沧浪之水浊兮，可以濯吾足"，故题名"沧浪亭"，自号沧浪翁，并作《沧浪亭记》。

　　欧阳修应邀作《沧浪亭》长诗，诗中以"清风明月本无价，可惜只卖四万钱"题咏此事。自此，"沧浪亭"名声大振。

　　苏氏之后，沧浪亭几度荒废，南宋初年一度为抗金名将韩世忠的宅第。清康熙三十五年（公元1696年），巡抚宋荦重建此园，把傍水亭子移建于山之巅，形成今天沧浪亭的布局基础，并以文征明隶书"沧浪亭"为匾额。清咸丰十年（公元1860年），毁于兵火。同治十二年（公元1873年）再次重建。

　　现沧浪亭占地面积为一万多平方米。亭四周环列有数百年树龄的高大乔木六株。亭上石额"沧浪亭"三字，为俞樾所书。石柱上有石刻对联一副：清风明月本无价；近水远山皆有情。上联选自欧阳修的《沧浪亭》诗中"清风明月本无价，可惜只卖四万钱"句，下联出于苏舜钦《过苏州》诗中"绿杨白鹭俱自得，近水远山皆有情"句。

古彭放鹤亭

古彭放鹤亭，位于江苏省徐州市云龙山之巅，是"古彭三胜"之一。

放鹤亭，为彭城隐士张天骥在 1078 年所建。鹤，乃古代贤士也；放鹤乃喻招贤士也。

苏轼曾写过一篇《放鹤亭记》，用如椽之笔描绘了动人的放鹤图卷，使放鹤亭与云龙山闻名于世。

放鹤亭飞檐丹楹，南北长约 12 米，东西深约 5 米，前有平台，周环游廊，十分优雅。亭的西侧有饮鹤泉，如今已凿作一井，四方环绕石栏，颇为美观。井南侧，立有一石碑，上冠"古迹"二字；中间书有"饮鹤泉"三个尺幅大字。

泉、亭相依，已逾千载。

距放鹤亭南 20 米，饮鹤泉南十多米处，还有一座建在高耸之处的小亭招鹤亭，因《放鹤亭记》中的"招鹤之歌"而得名。招鹤亭为砖木结构，小巧玲珑，檐角欲飞，是登高远眺的好地方。放鹤亭、饮鹤泉和招鹤亭这三座古迹有着密切的关系。

斗野亭

斗野亭，位于江苏省江都市邵伯镇。

斗野亭始建于宋熙宁二年（公元 1069 年），因亭的位置"于天文属斗分野"而得名。

斗野亭雄踞高丘，面临邵伯湖，凭眺湖光浩渺，远观帆影点点，近看田家炊烟，都有无穷的乐趣。数百年来，斗野亭吸引了诸多文人墨客来此观景赋诗，尤以北宋年间文人为最，孙觉、苏轼、苏辙、黄庭坚、秦观、张耒等都曾来此作诗，堪称绝妙。

2001 年秋，邵伯镇政府投巨资，择址在京杭运河与古邗沟交汇处，新建了斗野亭园。

主亭飞檐翘角，古朴典雅。亭内集苏轼、黄庭坚、米芾、蔡襄宋代四大书法家字迹，镌七贤诗碑于壁。周边有亭、长廊，东有假山耸立，北置铁牛卧蹲，临水为雕石栏杆。

优美的环境，玲珑精致的建筑艺术风格，名诗名墨的丰富文化内涵，使此地成为了邵伯镇的上佳景点。

二仙亭

二仙亭，位于江苏千人石北面，初建于宋代，重建于清代嘉庆年间（公元 1796—1820 年），因为全部是用花岗岩建造，所以又名"石亭"。

二仙亭四角挑檐，亭内墙壁间嵌有两方石碑，分别刻有两位得道神仙的造像。一是吕洞宾，并镌有《纯阳吕祖师自叙碑》；一是陈抟，并镌有《希夷陈租邻序》。亭枋上刻有双龙戏珠浮雕，斗拱四周雕有鹤鹿。

二仙亭外侧石柱上刻有两副对联，十分耐人寻味，前一副是：

"梦中说梦原非梦，元里求元便是元"；后一副是："昔日岳阳曾显迹，今朝虎阜更留踪"。

虎丘塔

虎丘塔，位于江苏苏州虎丘山，原称"云岩寺塔"。

虎丘塔始建于五代周显德六年（公元 959 年），建成于北宋建隆二年（公元 961 年）。

据地方志记载，隋文帝就曾在此建塔，但那是座木塔，现虎丘塔即在木塔原址上建筑的。

虎丘塔塔身平面呈八角形，为七层仿木构楼阁式砖塔，每层均施以腰檐平座，高约 48 米。塔的内部为套筒式回廊结构，楼梯仍然采用木制浮搁活动梯，每层只以楼层和外壁联系。

虎丘塔每面正中均辟壶门状拱门。门两侧以立柱把外壁划分为三间。由于虎丘塔从宋代到清末曾遭到多次火灾，因而顶部和木檐都遭到了毁坏。原来的高度已无法得知，现存的塔身高约 48 米。

现在看到的虎丘塔已是座斜塔，据测量，塔顶部中心点距塔中心垂直线已达两米多，斜度为 2.48 度。1957 年进行加固抢修，在塔心发现秘藏千年的五代至北宋珍贵文物越窑青瓷莲花碗、檀龛宝相、楠木经箱、铜金涂塔、铜佛像、铜镜、锦绣经帙等。尤其在第一层与第二层之间发现一个石函，内贮经匣，上面写有"辛酉岁建隆二年十二月十七日丙午人宝塔"字样，是虎丘塔建成年代的有力证明。

1981 年至 1986 年再次加固塔基部，终于使虎丘塔不再继续倾斜。

游·遍·亭·塔·楼·阁
YOU BIAN TING TA LOU GE

1961 年，苏州虎丘塔由国务院公布为全国重点文物保护单位。

报恩寺塔

报恩寺塔，位于江苏省苏州市人民路北段报恩寺内，俗称"北寺塔"，宏伟壮观，被誉为"江南第一塔"。

报恩寺相传是三国时东吴赤乌年间（公元 238—251 年），孙权为乳母陈氏所造，时称"通玄寺"。唐开元年间（公元 713—741 年），改为"开元寺"。五代后周显德年间（公元 954—960 年）重建，易名"报恩寺"。

报恩寺塔始建于南朝梁代（公元 502—557 年），为僧人正慧所创建，当时塔有 11 层，后被焚毁。北宋元丰年（公元 1078—1085 年）重建，由 11 层改为 11 层，苏轼曾舍铜龟以藏舍利。南宋建炎四年（公元 1130 年），金兵南侵，焚掠苏州，塔与寺毁。现存报恩寺塔为南宋绍兴年间（公元 1131—1162 年）的遗迹。

报恩寺塔为八角九层砖木混合结构楼阁式塔，高达 76 米。塔底座和塔身外壁以砖砌成，座下还有石制须弥座和栏杆。塔的每层有木制塔檐和平座栏杆，平座之下出斗拱。各层外壁每层都以砖砌的八角柱分为三间，当心间设壸门。底层塔檐宽大，作回廊式，以上逐层微收，翼角反翘。塔内有木梯可上至顶层。楼层和平座宽广，塔刹用金属制作，巨大刹柱穿贯第八、九两层。

1960 年和 1975 年对报恩寺塔分别加以维修，在塔刹内发现铜龟、佛像、舍利子等文物。

2005 年再次进行大规模整修，在古塔墙壁内发现一块南宋塔

江·苏·省

砖，塔砖上面的铭文为古塔建造年代提供了可靠的实物依据。

2006 年，报恩寺塔由国务院公布为全国重点文物保护单位。

铁琴铜剑楼

铁琴铜剑楼，位于江苏常熟市区以东古里镇西街，与聊城杨以增"海源阁"、归安陆心源"皕宋楼"、钱塘丁申、丁丙"八千卷楼"齐名，合称清代全国四大私人藏书楼。

铁琴铜剑楼建于清乾隆年间，已经有 200 多年的历史，原名"恬裕斋"。楼原有四进，其中第一、二两进毁于抗日战争时期。

铁琴铜剑楼第一进为门厅；第二进为"恬裕斋"所在，曾于清同治十三年（公元 1874 年），因避光绪帝载恬之讳改称"敦裕堂"，收储多为乡邦文献以及未收入《铁琴铜剑楼书目》的宋元明本及旧钞批校诸书，长篇巨著不多，分置东西两壁书箱中；第三、四两进即今仅存之楼，亦即"铁琴铜剑楼"所在，是坐北朝南三楹回式楼房，中有小天井相隔，每进二层，面阔三间。

铁琴铜剑楼建筑面积约 300 平方米，结构为垂檐硬山造，用迭落山墙。下檐施撑拱，雕有精巧的夔龙纹，显示了苏南一带的建筑风格。

新中国成立后，该楼由国家接管。楼名最初为孙星衍所书，1982 年李一氓先生重书楼额。

1982 年 11 月，铁琴铜剑楼被公布为县文物保护单位。1986 年，省政府拨专款修缮一新，被列为市级文物保护单位。

游·遍·亭·塔·楼·阁

YOU BIAN TING TA LOU GE

泰州望海楼

泰州望海楼，位于江苏省。

泰州望海楼初建于南宋绍定二年（公元 1229 年），屡此遭到毁坏，后又起建，大多毁于兵火而起于盛世。康熙年间曾重建之。抗战初期也曾被毁，亦为战火之祸。

望海楼的修建是因为当地仕人身居村邑，但志存高远，徘徊泥途而心在沧海，筑此楼可时时登高，俯视遐迩，以极目畅怀。历代登高者，既有本地人士如施耐庵、王艮、郑板桥、柳敬亭、梅兰芳，亦有外地人士如陆游、范仲淹、欧阳修、岳飞、孔尚任，更有袈裟如云，佛号盈耳，高僧大德，不绝于道。

2006 年初春，泰州市政府决定重建望海楼。重建的望海楼采用宋代形制，颇具规模，精工也很细致。

阅江楼

阅江楼，位于江苏省南京肇庆城区，与武汉的黄鹤楼、岳阳的岳阳楼、南昌的滕王阁合称"江南四大名楼"。

阅江楼始建于明朝，是六百多年前明朝开国皇帝朱元璋的举措。朱元璋称帝前，曾在狮子山上以红、黄旗为号，指挥数万雄狮伏岳，击退劲敌陈友谅的 40 万人马的强势进攻，为其建立大明王朝奠定了基础。

十四年后，即公元 1374 年，也就是洪武七年的春天，朱元璋下诏在狮子山建造一座楼阁，并亲自命名为"阅江楼"，并以阅江楼为题，亲自撰写了《阅江楼记》，又命众文臣每人写一篇《阅江楼记》，大学士宋濂所写一文最佳，后入选《古文观止》。

但朱元璋在写了楼记、打了地基后又突然决定停建阅江楼，并在他的《又阅江楼记》中说明了停建的理由：一是上天托梦给他，叫他不要急于建阅江楼；二是在他经过深思熟虑后，觉得应该抓迫切需做的大事，建阅江楼这事应该缓一缓。

六百年来，虽有两篇《阅江楼记》流传于世，但终因种种原因都未能建成。直到 2001 年，阅江楼终于建成并对外开放，从此结束了"有记无楼"的历史。

"一江奔海万千里，两记呼楼六百年"。这副绝妙的对联，是南京阅江楼六百年风雨沧桑的真实写照。

阅江楼位于南京城西北，濒临长江，高 52 米，共 7 层，整体成"L"型，总建筑面积 5000 多平方米。主翼面北，次翼面西，两翼各以歇山顶层次递减，屋顶犬牙交错，高低起伏，跌宕多变，轮廓优美；屋面覆盖黄色琉璃瓦缘边，色彩鲜丽；檐下斗拱彩绘各异，廊柱、门窗红中呈暗，更显古色古香。完全符合朱元璋笔下的"碧瓦朱楹，檐牙摩空，朱廉凤飞，彤扉彩盈"的具体描述。

登上阅江楼，放眼远眺，浩瀚的大江流水一览无余。在第三层大厅正中，装饰着中国最大的景德镇巨幅瓷画——郑和下西洋。画高12.8 米，宽 8 米，由 12 个部分组成，色彩斑斓，气势磅礴，全景式地描述了 1405 至 1433 年间郑和下西洋这段辉煌的历史，其中有建造宝船、科学航海、征服海洋、和平外交、睦邻友好、传播文明、平等经贸、文化交流等盛况，以及西洋各国的风土人情。巨幅瓷画上还反

游遍亭塔楼阁

YOU BIAN TING TA LOU GE

映了永乐皇帝建造"静海寺"、"天妃宫",立"天妃宫牌",为郑和航海祈求平安的情景。厅内有一条复制的郑和宝船和一个锈迹斑斑的巨大铁锚,这两件实物,生动具体地证明了南京是郑和下西洋主要造船地,也说明了南京是当时世界上最大的造船基地。

阅江楼的二楼,展示了郑和下西洋期间及以后的16位皇帝像,排在前几位的就是郑和所经历的明太祖朱元璋、明成祖朱棣等。同时还展示了明朝的灿烂文化,有明朝版图、名家书画、科学技术,详尽地介绍了郑和下西洋期间中国先进的科学文化。

南京阅江楼自开放以来,吸引了无数海内外游客到此游览,除了观赏此楼独特的江淮风情外,对郑和下西洋史诗般的画卷也吸引了无数人的目光;使人流连忘返。

多景楼

多景楼,位于江苏省镇江市北固山甘露寺内。

多景楼,古名"北固楼",亦称"春秋楼"、"相婿楼"、"梳妆楼",因米芾题书"天下江山第一楼"匾额而闻名,与洞庭湖畔的"岳阳楼",武汉市的"黄鹤楼"齐名,是古代"万里长江三大名楼"之一。

多景楼创建于唐代,位于甘露寺的背后,在北固山后峰顶上,是一座画梁飞檐楼阁,楼名取自唐朝宰相李德裕《临江亭》"多景悬窗牖"诗句。

多景楼为两层建筑,回廊四通,面面皆景。登上多景楼,极目远眺,水光山色,奇景多姿,有凌空翱翔之感。

文宗阁

文宗阁，位于江苏镇江金山寺。

文宗阁始建于乾隆四十四年（公元 1779 年），是"江浙三阁"之一。据乾隆皇帝自己的说法，修建江浙三阁，赐赠《四库全书》是为了"嘉惠艺林，启后学"。

文宗阁建成时，乾隆皇帝御赐铜活字本《古今图书集成》一本，后又将手写本《四库全书》存入，供学子阅览。

咸丰三年（公元 1853 年），太平军攻入镇江，将文宗阁及其所贮的《四库全书》一同烧毁。

文宗阁存世不到 75 年，至今还有学者专程去镇江寻访文宗阁。

江苏扬州文昌阁

扬州文昌阁，位于江苏扬州汶河路、三元路的交叉处，俗称"文昌楼"。

扬州文昌阁始建于明代万历十三年（公元 1585 年），因是扬州府学的"魁星楼"，名为"文昌阁"。旧阁上悬有"邗上文枢"匾额。

文昌阁阁高约 25 米，为八角三级砖木结构建筑，与北京天坛的祈年殿相似。阁的底层，四面辟有拱门，与街道相通。登阁四眺，远近街景，尽收眼底。

文昌阁现为扬州市市级文物保护单位，并且四周布满鲜花，市民及游客只可远观，不可游玩。

江西省

浮梁古城红塔

浮梁古城红塔，位于江西省景德镇浮梁县旧城遗址西隅的一座小丘上，本为西塔寺内的塔，因其砖表略呈红色，俗称"红塔"。

据《浮梁县志》地方志记载："西塔寺在城西隅，唐太和六年（公元832年）僧度创。塔高十三丈，宋建隆二年（公元961年）县民黎文表倡造。明万历三年（公元1575年）塔重修。"

从塔的形制与结构分析，红塔应为宋初建筑时原物，明代重修并无做多大改动。

古城红塔为六角七层楼阁式砖塔，高约40米。自第二层以上各层均有平座栏杆。每层塔身以门柱分为三间，正中辟拱门，门两侧为素面墙壁。塔顶有"建隆二年"题字。

古城红塔是现在所知江西省保存最早的一座大型古塔，在全国宋塔中也是较早的一座。

江西大观楼

江西大观楼，位于江西樟树市临江镇西南二十一公里的临江镇县前街。

大观楼始建于北宋淳化三年（公元 992 年），尔后几经修缮，屡有改观。

明洪武三年（公元 1370 年）、弘治三年（公元 1490 年）、清康熙九年（公元 1670 年）作了三次较大的修缮，史称"三庚"大修。

清乾隆三十七年（公元 1772 年）、道光二十六年（公元 1846 年）亦相继维修。咸丰七年（公元 1857 年）太平军撤出临江时，楼被毁，仅存楼基。同治十二年（公元 1873 年）复建，该楼被正式命名为"大观楼"。

1951 年江西省临江荣复军人疗养院进驻后，将原县府旧址辟为院址，改楼为"院门楼"。修缮时，局部略有改变，但风貌基本如旧。

大观楼，坐北朝南，整体为城楼式建筑，通高约 23 米，一层为楼层，基台上再建三层楼阁。楼基石除中间通道外，均以青砖实垒砌成。基台高约 7 米，宽约 26 米，呈梯状，中开两扇木制大门，为进出通道，纵深十四米多，在基台背面左右两侧，各砌石台阶四十级，转折登台。台面再立通柱。一层有回廊，内分左右室和堂间。二、三层为敞间，面积逐层递减。

大观楼各层设腰檐，四面灵条活窗，板梯上下，歇山顶，泥瓦覆盖，正脊饰几何对称云纹图案，两端鱼形鸱舌脊。脊翼角饰嫔伽、蹲兽，脊檩墨书铭文"皇清同治拾贰年岁次癸酉仲冬谷旦"。

大观楼二楼，原设有漏刻复壶，用以司更定时；正面中部原悬挂有"临江府"竖额，为解缙所书。现已不存。

江西大观楼是江西省境内现存最大最完整的道台衙门，1984年被公布为樟树市文物保护单位。

浔阳楼

浔阳楼，位于江西九江市区九华门外的长江之滨，因"九江"古称"浔阳"而得名。

浔阳楼始建年代虽不可考，但据唐代江州刺史韦应物的《登郡寄京师诸季淮南子弟》一诗中"始罢永阳守，复卧浔阳楼"可知，在唐代就有了此楼；而唐代的其他诗人，如白居易也有一篇《题浔阳楼》，在诗中描写了它周围的景色；清代康熙年间的兵部侍郎佟法海有也有吟咏浔阳楼的诗。由此可以看出，浔阳楼自唐代至清代一直沿存，且颇具规模。

现浔阳楼，为1987年九江市人民政府重建。

重建后的浔阳楼占地1600平方米，楼高31米，外三层、内四层、九脊层顶，青甍黛瓦，飞檐翘角，四面回廊，古朴庄重，具有明显的仿宋风格。楼南北两面顶檐下各悬有由赵朴初题写的《浔阳楼》巨幅匾额。步入一楼大厅，正中悬挂着现代著名书法家王个簃生前留下的墨迹，"逝者如斯"横匾。匾两侧的大红柱上，有著名作家杜宣撰写的长联。还有两幅宽约5米、3米多高、用600块彩绘瓷砖拼成的"宋江题反诗"和"劫法场"等大型壁画，构图精巧大方，色彩淡雅古朴，人物生动逼真，画面流光溢彩。

二楼展厅陈列"水泊梁山一百零八名好汉"的瓷雕彩绘像，是精美的景德镇瓷雕艺术的展现；厅中柱上挂抱式楹联，书有古今名人有关浔阳楼的诗词；三楼设置仿宋桌椅供游人品茗闲谈。

浔阳楼的总体建筑，充分结合江畔、江面等自然条件，创造出雄伟而秀拔的风格，在庐山和长江的相互衬托中，更显完美。

滕王阁

滕王阁，位于江西省南昌市西北部沿江路赣江东岸，与湖北黄鹤楼、湖南岳阳楼齐名，并称为"江南三大名楼"。

初唐才子王勃作《滕王阁序》让其在三楼中最早扬名天下，故又被誉为"江南三大名楼"之首。登阁纵览，春风秋月尽收眼底，近可见仿古商业街迂回曲折，错落有致，西侧赣江、抚江浩浩汇流，远处长天万里，西山横翠，南浦飞云，长桥卧波，令人心旷神怡。

滕王阁始建于唐永徽四年（公元653年），为唐高祖李渊之子李元婴任洪州都督时所创建。

据史书记载，永徽三年（公元652年），李元婴迁苏州刺史，调任洪州都督时，在临江建此楼阁为别居，由于他在贞观十三年被封为滕王，因而命名"滕王阁"。唐朝时，历经多次修建，盛极时高约19米，长约29米，宽约27米，附有楼台亭榭等建筑小品，楼层高峻，体量宏大，气势雄伟，具有春日赏花、夏日纳凉、秋日登高、冬日赏雪、上元观灯、歌舞宴饮等多种功能。后来历经兴废，先后修葺达28次之多，建筑规制也多有变化。

宋大观二年（公元 1108 年），侍郎范坦受命重修滕王阁。修建后的滕王阁高约 12 米，长 49 米，宽约 23 米，碧瓦丹柱，雕栏绮户，斗拱层叠，飞檐凌空，宫灯祥照，书画满堂，南北两侧还建有压江、挹翠两个辅亭，极尽铺陈点染之能事，组合繁复、装饰华丽为历代古阁之量。

元至元二年（公元 1336 年），平章马合睦主持重建滕王阁。修建后，阁高约 14 米，宽 27 米，斗拱雄伟硕健，线条刚劲有力。

明嘉靖五年（公元 1526 年），都御史陈洪谟主持重修。修建后的阁高 14 米，长约 24 米，两歇山之间夹一盔顶，大门前移，房间迭出，高低错落的建筑和廊庑相连接极富江南建筑风格。

清代滕王阁高度、体量、装修均逊于前代。建筑尺寸已难详考，其间修建达 13 次之多，主体建筑多为重檐歇山式，阁分两层，抱厦与牌楼合二为一，并有庑、亭、馆、驿等附属建筑，四周绕以矮墙，构成以主阁为中心的庭院式建筑群。

1926 年毁于兵灾，仅存一块"滕王阁"青石匾。1942 年，古建大师梁思成先生偕同其弟子莫宗江根据"天籁阁"旧藏宋宫廷画《滕王阁》绘制了八幅《重建滕王阁计划草图》。重建之时，建筑师们以此作为依据，并参照宋代李明仲的《营造法式》，设计了这座仿宋式的雄伟楼阁。1983 年 10 月 1 日举行了奠基大典，1985 年 10 月 22 日重阳节开工，1989 年 10 月 8 日的重阳节落成。

重建的滕王阁坐落在赣江与抚河故道的汇合处，占地 4 万多平方米。背城临江，濒临南浦，面对西山，视野开阔，距唐代阁址仅百余米，不失王勃《滕王阁序》中的意境；采用宋朝式样，突出背城临江、瑰玮奇特的气势。

滕王阁阁高约 58 米，总建筑面积 1.3 万平方米。其下部为象征古城墙的高台座，台座以上的主阁取"明三暗七"格式，即从外观，为三层；内部为七层。新阁的瓦件全部采用宜兴产碧色琉璃瓦。其南北两翼，有碧瓦长廊。长廊北端为四角重檐"挹翠"亭，长廊南端为四角重檐"压江"亭。

从正面看，挹翠亭和压江亭与主阁形成一个倚天耸立的"山"字；如从飞机上俯瞰，滕王阁则有如一只平展两翅，意欲凌波西飞的巨大鲲鹏。

滕王阁台座之下，有南北相通的两个瓢形人工湖，北湖之上建有九曲风雨桥。楼阁云影，倒映池中，盎然成趣。新阁的色彩，绚烂而华丽。其梁枋彩画采用宋式彩画中的"碾玉装"为主调，辅以"五彩遍装"及"解绿结华装"。

滕王阁内外斗拱用"解绿结华装"，突出大红基调，拱眼壁也按此色调绘制，底色为奶黄色；内外所有梁枋各明间用"碾玉装"，各次间用"五彩遍装"，天花板每层图案各异，支条深绿色，大红井口线，十字口栀子花。椽子、望板均为大红色，柱子油朱红色，门窗为红木家具色。室外平坐栏杆油古铜色。

吉林省

农安辽塔

农安辽塔，位于吉林省长春市农安县古城内。此地原是辽代黄龙府旧址，故又称"黄龙宝塔"。

农安辽塔，始建于辽圣宗太平三年（公元1023年），历时八年建成，是我国东北地区早期的佛塔，也是辽代黄龙府遗留至今的唯一的古建筑。

农安辽塔为8角13层密檐式实心砖塔，通高44米，由塔座、塔身、塔刹三部分构成。塔下是高大的须弥座，上刻纹饰。第一层塔身每面间隔着刻一龛门或假门，檐下仿木结构以砖雕制出斗拱和枋柱，上施密檐13层。密檐层层收分，檐角安有铁环，上系风铎。塔身上为塔刹，刹底部为三层仰莲、宝瓶、圆光、仰月、宝盖及宝珠等。第十层中部有一座砖室，内有铜佛两尊和木质圆形舍利盒。

榆树魁星楼

榆树魁星楼，位于吉林省榆树市新公园院内。

榆树魁星楼始建于清光绪二十一年（公元1895年），由太平川（现黑林镇太平村）官绅于凌辰倡议绅商捐款修筑而成。

魁星为二十八宿星之一，是传说中主管文运之神，建魁星楼表明古人对古榆大地英才辈出的美好愿望。

榆树魁星楼原址位于原榆树县城东南角的城壕内侧，现处在教师进修学校东北角边缘。

榆树魁星楼楼高20米，底基座对边距离约为9米，楼体为6角3层，砖木结构。底层为清砖砌筑，南面开拱形门；中层檐下雕梁精美，12棵朱红明柱，下围木饰栏杆，内俸红衣神像一尊；上层画梁别致，有六棵朱红明柱，楼窗刻饰，内俸檀香木雕的彩绘魁星像一座；楼檐上望天兽栩栩如生，楼檐下有清翰林于钟霖亲笔题写的匾额；楼柱有候补知县贡生谭凤章及翰林于荫霖在清光绪十五年（公元 1889 年）仲秋题写的对联；楼顶为歇山飞檐，檐角下各悬铜钟。

魁星楼造型雄伟，工艺精湛，登楼远眺，良田美景尽收眼底，令人心旷神怡。

榆树魁星楼因年久失修，于公元 1964 年被拆除。

榆树市第十五届人民代表大会第一次会议讨论，通过了重建榆树魁星楼的工程。2003 年 7 月 8 日开始重建榆树魁星楼。

新魁星楼地址选在榆树市新公园院内，基本上保持了历史上魁星楼的原貌，总占地面积约为 1000 平方米，楼高约 30 米，底基座边长 16 米，平行边距离为 28 米，楼体仍为六角三层，以石、砖、钢结构为主。底层六面墙壁上增加了几幅壁画，顶层供俸魁星像。

辽宁省

辽阳白塔

辽阳白塔，位于辽宁省辽阳市旧城区西北隅，因塔身涂满白灰而俗称"白塔"。

辽阳白塔的建造年代，有些碑记上记载创建于汉代，经唐尉迟

游·遍·亭·塔·楼·阁

YOU BIAN TING TA LOU GE

恭重修；而1922年在辽阳城西北角发现一块《东京大清安寺九代祖英公禅师塔铭并序》，记载："贞懿皇太后以内府金钱三十余万，即东都建清安寺，以祈冥福……大定二十九年二月辛酉朔，建塔于东都之城北。"据此，白塔应是大定二十九年（公元1189年）遗物；而1988年对白塔进行维修测绘时，在塔顶发现明永乐二十一年（公元1423年）、隆庆五年（公元1571年）、万历十八年（公元1590年）、万历二十六年（公元1598年）的《重修辽阳城西广佑寺宝塔记》及万历二十六年《护持圣旨》五块铜碑，其中永乐二十一年碑载："兹塔之重修，获睹塔顶宝瓮傍铜葫芦上有镌前元皇庆二年重修记。盖塔自辽所建，金及元时皆重修。"据此，又认为白塔建于辽代。

从白塔建筑风格、使用材料、砖雕手法、建筑工艺以及纹饰特征等判断，辽阳白塔当是辽代中晚期的建筑。

白塔为八角形密檐式砖塔，高约70米，建于一个高大的石台上，台基上是砖砌的八角形须弥座，二层束腰，上为斗拱承托砖雕栏杆。塔身高10余米，以二层砖雕仰莲承托，八面均以横线隔成上、下两部分。下为砖砌佛龛，龛内塑坐佛一尊，背后以火焰纹衬托。龛门左、右两侧为砖雕胁侍像。上为浮雕，中间嵌有铜镜。塔身施密檐13层，每层八角各悬有风铎。塔刹依次由仰莲、覆钵、刹杆构成，刹杆上装有铜制圆光、宝珠、宝盖。

1988年，辽阳白塔由国务院公布为全国重点文物保护单位。

朝阳北塔

朝阳北塔，位于辽宁省朝阳市老城区内，因与市内南塔对峙而得名。

朝阳北塔始建于北魏太和年间（公元477—499年），是在十六国时期的前燕、后燕、北燕故都龙城（今朝阳）宫殿基址上改建而成。隋仁寿年间（公元601—604年）奉诏重修，名为"宝安寺塔"。唐天宝年间（公元742—756年）维修并施以彩画。辽代（公元907—1125年）曾两度修缮，更名"延昌寺塔"。

朝阳北塔是方形土木结构楼阁式塔，高约43米。塔体中空，13层叠涩密檐，塔身南面有券门，可进入塔内，各层密檐束腰白灰壁面上，以红、黑、绿色绘出仿木构建筑的斗拱和卷草纹样，色彩鲜艳，技艺精湛，是我国迄今为止发现的唯一的唐塔彩绘珍品。第二层檐以上层层内收。

朝阳北塔塔身南面设一壶门，门外雕有骑兽人物像、莲花图案等，东、西、北三面饰以假门，天王像分立两侧。塔身四周砖雕佛教密宗五方如来中的宝生、阿弥陀、不空成就和阿闪如来及八大灵塔、八大菩萨等。佛顶有华盖，两侧为飞天，刹顶塌落不存。

朝阳北塔是东北地区现存最早的古塔，稳重挺拔，雄伟壮观，具有较高的历史、艺术研究价值。

1988年，朝阳北塔由国务院公布为全国重点文物保护单位。

广济寺塔

广济寺塔位于辽宁省锦州市古塔区老城北街广济寺内。

广济寺塔立于广济寺北，因寺而得名，又称"白塔"、"舍利塔"，始建于辽清宁三年（公元1057年），锦州节度使专为收藏、供奉辽太后赏赐的"舍利"而建造。明嘉靖十一年（公元1532年）曾补修。

1933年也对基座进行了维修，现存古塔基本是辽时原貌。

广济寺塔是八角十三层密檐式实心砖塔，原高约63米。塔下部是一高大须弥座，每面8米多宽，束腰是由壶门、蜀柱及角神所组成，并雕有花卉、瑞兽等图案。第一层塔身各隅置圆形倚柱，各面均雕有五尊佛像，中间为券顶佛龛，龛内雕有一尊坐佛。龛外左右两侧立胁侍佛两尊。立像上还雕有两尊飞天，周围绕以云纹。第一层塔檐下有砖制斗拱承托，以上施密檐，均采用叠涩出檐方法，现今塔檐已全部脱落，只西北角残存木质角梁12根凌空出挑。

1996年，对广济寺塔按原貌进行全面修葺，使塔高达70多米，是锦州古城的标志性建筑之一。

兴城白塔

兴城白塔，位于辽宁省锦州兴城市西北14公里的九龙山下，俗称"玲珑塔"，是辽代觉华岛大龙宫寺墓地，有"九龙烟塔"之称，是"兴城八景"之一。

兴城白塔建于辽大安八年（公元1092年），大龙宫寺殿多被毁，仅有后殿和白塔保存较为完好。

兴城白塔为8角13层密檐式实心砖塔，高43米。塔的下部是一个砖砌的高大须弥座。座上以巨大的砖制仰莲承托第一层塔身。塔身各转角处砌出一倚柱，柱上刻八大灵塔塔名、佛名及偈语。塔身四正面设佛龛，内雕佛像，东为阿佛，座上雕刻三头象；西为无量寿佛，座上雕三只孔雀；南为宝生佛，座上雕三匹马；北为不空成就佛，座上雕三只金翅鸟。佛龛上左右各有五个小佛，坐云朵之上，其上皆有宝盖。在四隅面雕出砖碑，碑上各刻一句佛语，碑两侧各立一比丘僧，上与碑齐。其上有宝盖、飞天。碑首二龙蟠绕，边有卷草花纹，与各佛龛外之花纹相似。东南碑上刻有"寂灭为乐"四个大字，顺次各碑为："诸行无常"、"是生灭法"、"生灭已已"，皆作阴刻，文字端正，雄厚有力。二层塔身为素面，其上部有逐渐外伸的叠涩檐，檐上铺瓦为顶。三层塔身以至最后一层塔身构造完全一致。逐层砌成椎体，外伸叠檐，悬挂风铎。

兴城白塔自第一层塔身以上出密檐13层，除第一层塔檐下以砖刻斗拱外，其余皆为叠涩出檐。由于塔顶残破，塔顶的刹杆、相轮宝顶早已无存。

文溯阁

文溯阁，位于沈阳故宫院内。

文溯阁之所以名扬四海，不仅仅因为它的建筑别具一格，而且还因为它是闻名于世的《四库全书》的珍藏之所，也是建在宫廷中的最大的一所图书馆。

清朝乾隆三十七年（公元1772年），乾隆帝设立"四库文书馆"，下沼征求天下书籍。经十余年后终于编纂成书，共计16.8万余册，分经、史、文、集四部，也因此称为《四库全书》。这是继明朝《永乐大典》之后的另一部巨型丛书，堪称世界丛书之最。

《四库全书》编成之后，乾隆皇帝决定修建一处楼阁专门珍藏《四库全书》，此阁建成后便取名为"文溯阁"，取"溯源求本"之意，以示自己身处盛世仍不忘祖先开基创业之艰难，兢兢业业治理国家。

文溯阁是在故宫的西路增建的，是个二层三楼的建筑，色彩与故宫的其他宫殿截然不同。

一般宫殿殿顶都采用黄琉璃瓦绿剪边及五彩饰件，而文溯阁用的则是黑色琉璃瓦绿剪边，这在沈阳故宫建筑中是独一无二的。而且文溯阁的所有门、窗、柱都漆成绿色，外檐彩画也以蓝、绿、白相间的冷色调为主，这与其他宫殿以红金为主的外檐彩饰迥然不同。

其彩绘画题材也不用宫殿中常见的龙、凤，而是以"白马献书"、"翰墨卷册"等与藏书楼功用相谐的图案，给人以古雅清新之感。

内蒙古自治区

释迦如来佛舍利塔

释迦如来佛舍利塔，位于内蒙古自治区赤峰市巴林右旗辽庆州古城遗址内，又称"庆州白塔"，俗称"白塔子"。

释迦如来佛舍利塔建于辽重熙十八年（公元1049年）。寺已毁，仅存塔。

释迦如来佛舍利塔塔身涂满白垩土，是八角七层空心楼阁式砖塔，高约50米。塔下为八角形台基，每边长约11米。

释迦如来佛舍利塔塔外是典型的仿木构阁楼形式，每层都用砖制作出柱子、枋檩、斗拱、门窗等。每层四正面当中辟拱门，门两旁浮雕金刚力士像，门上雕二龙戏珠。塔内原有阶梯可以攀登上塔，因第一层阶梯已被拆除，所以不能到达。第一层侧面作直棂盲窗。自第二层起逐渐内收。

释迦如来佛舍利塔塔身外表雕饰着佛像、天王、力士、飞天、菩萨像等，并有塔幢、狮子、人物及其他各种花纹雕砖。塔身外面各层悬挂着铜镜，分圆形和菱形两种，共828面。塔刹为铜制鎏金，增加了塔的光彩。

宁夏回族自治区

银川海宝塔

银川海宝塔，位于宁夏回族自治区银川市北郊海宝塔寺内，俗称"北塔"。

海宝塔寺，海宝塔居寺院中心，原名"黑宝塔"，据明弘治《宁夏新志》记载，"黑宝塔在城北三里，不知创建所由"。

海宝塔的建造年代已不能确考。清康熙《重修海宝塔记》载："惟赫连勃勃曾为重修，遂有讹为赫宝塔者。"赫宝、黑宝、海宝三个字音相近，命名为海宝、黑宝可能是由"赫"字所讹传。

海宝塔属于仿楼阁式砖塔，清康熙五十一年（公元 1712 年）、乾隆四十三年（公元 1778 年）因地震破坏，曾两度重修。

据乾隆《宁夏府志》载，"黑宝塔十三级，高耸入云。自七层而上，从外盘旋，虽当晴明，风飒飒如御虚然。"由此可以看出当时的黑宝塔是十三层高塔。

经过清朝两次重修以后，海宝塔变化很大，将原来七层以上在塔外凌空盘旋而上的结构改变了，塔的层数也减少两层，成为连天盘在内的 11 层塔。康熙重修碑记上说："其塔凡九层，连天盘共计 11 层，顶高三丈五尺。"

现在的海宝塔为九层塔，连塔座在内共 11 层，通高约 54 米。塔基为一高大砖台，每边长约 20 米，高约 6 米。塔平面为十字折角形，每面正中突出一部分。

海宝塔第一层塔身入口处有小抱厦，进抱厦入券门，迎面有罗汉龛，龛的两侧有砖梯可登。每层正中辟券门，两侧置假龛。券门和假龛上，挑出三层菱角牙子。自第二层开始每边挑出叠涩三层，正好作为券门和假龛的底边。每层宽度逐收 15 到 20 厘米。

海宝塔塔身内部呈十字形，中央为一方形塔室，塔内空间以楼板铺隔，有木楼梯盘旋至顶。塔顶上为塔刹，以绿色琉璃砖砌成桃形四角攒尖顶。

海宝塔雄伟壮观，尤其方形塔身和出轩券门形成的多个棱角，层次多变，建筑风格十分独特，为我国数千座古塔中所仅见。

1961 年，海宝塔由国务院公布为全国重点文物保护单位。

银川承天寺塔

银川承天寺塔，位于宁夏回族自治区银川市城内西南隅承天寺内，因在城西，与海宝塔遥相呼应，又称为"西塔"。

承天寺塔始建于西夏毅宗天祐垂圣元年（公元 1050 年），相当于北宋仁宗皇祐二年。明、清各代多有修缮。清乾隆三年（公元 1738 年），宁夏平罗发生大地震，塔身受到严重破坏，日渐塌毁。嘉庆二十五年（公元 1820 年）重修，按原状复建，保留了西夏佛塔的建筑风格。

承天寺塔为 8 角 11 层楼阁式砖塔，高约 65 米，为宁夏境内现存最高大的古塔。塔下为方形塔基，边长 20 米，塔身底层边长 5 米。塔身逐层收分，状若圆锥形。塔底层东面辟门，第三、五、七、九层东南、西北面设券门式明窗，其余各面和第二、四、六、八、十层均设券门窗式壁龛。第十一层设四明四暗大圆窗。

承天寺塔塔身每层叠涩出檐，檐角悬挂铁铎。塔顶塔刹形制为绿琉璃砖所砌成的桃形四角攒尖顶，无相纶、华盖、宝珠等物。塔室为方形，以木板分割各层，设有木楼梯。

2006 年，银川承天寺塔，被国务院公布为全国重点文物保护单位。

南薰楼

南薰楼，位于宁夏银川城东南的南环东路与中山南街的交叉口，又称"南门楼"。

南薰楼始建于宋景德年间（公元 1004～1007 年），与银川城同时所建。清乾隆三年（公元 1738 年），楼因地震倒塌，乾隆五年（公元 1740 年）重新修建。宣统三年（公元 1911 年）复毁于战火，1917 年重建之。

南薰楼门楼通高约二十八米，下为高七米的长方形券门洞台基，台基东西长 37 米，南北 28 米多宽，台基北面门洞两侧筑有对称台阶，以便登临其上。高大台座上是歇山顶的二层重檐楼阁，高 20 多米。四面花窗，廊檐彩画，绚丽夺目。楼阁内设有木梯可登楼远眺，整个建筑结构严谨，规模雄壮。

银川市玉皇阁

银川市玉皇阁，位于宁夏银川市区东街。

据《朔方新志》记载，此阁始建于明代洪武年间，迄今已有600多年的历史，是宁夏回族自治区的重点历史文物。

玉皇阁为传统木结构，重楼叠阁、飞檐相啄、结构紧凑、玲珑别致，造型甚为美观别致，是研究明初建筑艺术和工艺技巧的原始资料。

玉皇阁主阁为重檐二层阁楼，阁高约22米，台基呈长方形，高19米，东南长月38米，南北宽25米，气势雄伟。

山东省

历下亭

历下亭，位于山东省济南市大明湖中，旧址位于五龙潭公园西，因其南临"历山"（即"千佛山"），故名"历下亭"，亦称"古历亭"，是济南名亭之一。

历下亭建造年代久远，位置也几经变迁。北魏年间，官府为接迎宾客而建造古历亭，位于五龙潭。北魏郦道元《水经注》记载："泺水北为大明湖……。此水便成为净池也，池上有客亭……"据元于欽《齐乘》记载，净池就是现在的五龙潭。唐初始称"历下亭"。到唐朝末年，历下亭逐渐废圮。北宋又重建历下亭，将其置于大明湖南岸州衙宅后。之后几经兴废变迁，至清初康熙三十二年（公元1693年），山东盐运使李光祖在湖中岛上现址重建了历下亭。

历下亭位于湖中岛的中央，八柱矗立，斗拱承托，八角重檐，檐角飞翘，攒尖宝顶，亭脊饰有图案。亭下四周有木制坐栏，亭内有石雕莲花桌凳，以供游人休憩。二层檐下，悬挂清乾隆皇帝所书匾额"历下亭"，红底金字。亭的西面，有厅堂三间，红柱青瓦，四面出厦，名"蔚蓝轩"。轩西为宽阔的湖面。

历下亭北有大厅五间，硬山出厦，花雕扇扉，曰"名士轩"，是历代文人雅士宴集之地。"名士轩"三字匾额为清末书法家朱庆元书，有楹联一副："杨柳春风万方极乐，芙蕖秋月一片大明"，系郭沫若题写。

名士轩内西壁嵌唐代北海太守、大书法家李邕和大诗人杜甫的线描石刻画像及自秦汉至清末祖籍济南的十五位名士的石刻画像。东壁嵌有清代诗人、书法家何绍基题写的"历下亭"诗碑，记述了他的好友陈弼夫和陈景亮重修历下亭的经过和他在山东看到的灾荒景况。

历下亭之南，是大门，大门两侧是东西长廊。长廊东端是"临湖阁"，北墙嵌有咸丰九年陈景亮撰、何绍基书《重修历下亭记》石碣。长廊西端是"藕香品茗厅"，面阔三间，飞檐出厦。

历下亭大门楹联集杜甫诗句"海右此亭古，济南名士多"，为何绍基手书，门上悬红底金字"海右古亭"匾额一方。大门东侧有石碑横卧，上刻"历下亭"三字，乃清乾隆皇帝手书。

丰乐亭

丰乐亭，位于琅琊山风景名胜区丰山东北麓的幽谷中，是丰山风景最佳之处。

丰乐亭是北宋文人欧阳修任滁州太守时所建。关于丰乐亭的兴建，欧阳修在《与韩忠献王书》中告诉友人："偶得一泉于（滁）州城之西南丰山之谷中，水味甘冷，因爱其山势回换，构小亭于泉侧。"而民间传说却略有不同：据说欧阳修在家中宴客，遣仆去醉翁亭前酿泉取水沏茶。不料仆在归途中跌倒，水尽流失，遂就近在丰山取来泉水。可是欧阳修一尝便知不是酿泉之水，仆从只好以实相告。欧阳修当即偕客去丰山，见这里不但泉好，风景也美，于是在此疏泉筑池，辟地建亭。

泉名"丰乐泉"，亭名"丰乐亭"，取"岁物丰成"、"与民同乐"之意，欧阳修为此还写下了《醉翁亭记》的姐妹篇——《丰乐亭记》，还以《丰乐亭游春》一诗记载与民同乐之盛况："红树青山日欲斜，长郊草色绿无涯。游人不知春将老，来往亭前踏落花"。后来苏东坡又把《丰乐亭记》全文书刻于亭中石碑上，供人阅读和欣赏，留下了"欧文苏字，珠联璧合"的稀世瑰宝。

丰乐亭现存苏东坡所书《丰乐亭记》石刻之外，还有"滁州十二景"诗画。

历城九顶塔

历城九顶塔，位于山东省济南市历城区柳埠镇秦家庄东北灵鹫山九塔寺内。

据明代《九顶塔记》称："寺建于此，莫知其始，历考寺碑惟得唐天宝、大历之文为古。"从塔的建筑风格和塔内的佛像风格及塔上的题刻推断，此塔始建于唐朝。再把寺后灵鹫山的天宝年间造像题记作为旁证，可知道此搭建于天宝年间（公元742—756年）。

九顶塔为八角形楼阁式塔，塔顶分建九个密檐式小塔，到目前为止国内仅此孤例，九顶之名也由此而来。

九顶塔平面为八角形，每边作弧形向内凹人。九顶塔有塔身和塔顶两部分，高约十四米。塔檐下部以叠涩砖挑出十七层，有明显的反曲线。檐顶以砖叠涩内收16层。

塔顶九塔，皆为三层密檐式方塔，正中一个南面辟门并置佛像一尊。其余八塔环绕中间大塔排列，均向外辟门。

九顶塔下层塔室方形，室顶有天花藻井，四壁有壁画残迹。塔内供石佛像一尊，一米多高。

1988年，九顶塔由国务院公布为全国重点文物保护单位。

光岳楼

　　光岳楼，位于山东聊城旧城中央，是国家历史文化名城——聊城的象征，与岳阳楼、黄鹤楼并称"中国三大名楼"。

　　光岳楼始建于明洪武七年（公元1374年），是宋元建筑向明清建筑过度的代表作，是我国现存明代楼阁中最大的一座。

　　光岳楼由楼基和主楼两部分组成，总高33米。

　　楼基为砖石砌成的方形高台，占地面积1000多平方米，边长约35米，向上渐有收分，垂直高度九米，由交叉相通的四个半圆拱门和直通主楼的50多级台阶组成。

　　光岳楼主楼为木结构，四层五间，歇山十字脊顶，四面斗拱飞檐，且有回廊相通。全楼有112个台阶、192根金柱、200余个斗拱。

　　1988年，光岳楼由国务院公布为全国重点文物保护单位。

白雪楼

　　白雪楼，位于济南市趵突泉的东南侧，是为纪念明代著名文学家李攀龙所建。

　　历史上存在三座白雪楼，其中两座都是李攀龙所建，一是嘉靖三十五年（1556年），李攀龙辞去陕西按察副使职东归，在历城王舍人庄之东鲍山下建的白雪楼；一是李攀龙晚年，在大明湖畔白花洲建的白雪楼。

明万历年间，山东右布政使叶梦熊因敬仰李攀龙，出资在趵突泉畔，建起了第三座白雪楼。1956 年趵突泉扩建公园时，该楼因破烂不堪被拆除。1996 年予以重建并对外开放。

新建的白雪楼建筑面积约四百平方米，其中主体建筑面积 300 平方米，配廊 100 平方米，是带戏台式的两层仿古建筑。

白雪楼正厅内陈列李攀龙全身坐姿铜像。厅内挂有有其弟子及当代名人所题写篆刻的诗文匾额，墙上挂大幅会友图，再现了当年李攀龙先生传送诗词的盛景。楼北侧设戏台，南侧有假山，与湛露泉、酒泉、石湾泉相邻，西侧为无忧泉，东侧为藤架。

白雪楼的四周，绿水环绕，山石掩映，风景秀丽。

望海楼

望海楼，位于山东威海市市区刘公岛博览园内的西北角，原是唐朝时期刘公岛上的一处建筑，现在看到的这座望海楼是 1996 年复原的景观。

望海楼共分为四层，高 20 多米，坐北面南，雄踞现旗顶山东坡坡顶。楼为砖木构建，翘角飞檐，雕梁画栋，富丽堂皇。

望海楼内各层设厅，厅冠祥号，一至四层分别叫做"春福厅"、"夏禄厅"、"秋寿厅"、"冬禧厅"。每登一厅，寓意不同，所观景象更是有异，及至四层"冬禧厅"，凭栏眺望，可将岛海山川、舟楫鸥鹭万般佳景尽收眼底，实在妙不可言。

现在的望海楼坐南面北，为民族古典风格式的设计。

主体是两层木石结构楼阁，为木质窗棂，各有 20 米明廊围于南北两侧，门厅在一层正中，释迦牟尼、太上老君、孔子塑像各一尊置于二层，均面向大海。

望海楼地势高旷，周围遍布曲盘虬蔓的苍松，登上顶部，东眺大海，一览无余。

望海楼在古代就是崂山的观日胜地之一，古往今来的文人墨客留下了许多脍炙人口的传世之作。像清代嘉庆年间，文人黄岩的《望海石观日出》："扶桑隐隐起红涛，曙色渐开大小崂。雾散狮峰天半彻，云洪贝阙海门高。琪花迎旭明三岛，羽客凌晨策六鳌。谁觅瀛洲三界路，晴光万点轻舟刀。"就非常形象的描绘了在望海楼上观日出的壮观景色。

望海楼的最高处有两块石刻，由于年代久远，均模糊不清。左边的石刻是清朝乾隆年间的山东巡抚崔应阶在乾隆三十一年（公元 1766 年）游览崂山时所作的《华严庵》诗，文为："傍海依山曲径通，华严深处有琳宫。云归叠嶂千峰翠，日浴扶桑一点红。清磬出林闻梵语，玉琴横膝响松风。此中已隔人间世，得住何惭绿发翁。"该诗把华严寺的山海风光，琴语松风，古寺梵唱，渲染的淋漓尽致，使人顿生脱离尘世之心；右边的石刻，上刻"大观"两个大字，笔力遒劲，为楷书，阴刻，字径110厘米。落款为："大清乾隆五十六年（公元 1791 年）岁次辛亥孟夏，知即墨县事仁和沈则文。"

海源阁

海源阁是我国历史上最著名的私人藏书楼之一，总计藏书22万。它与江苏常熟县瞿绍基的"铁琴铜剑楼"，浙江吴兴县陆心源的"皕宋楼"，浙江杭州丁申、丁丙的"八千卷楼"合称清代四大藏书楼。

海源阁以瞿杨两家所收藏的宋元刻本和抄本书最为丰富，因而又有"南瞿北杨"的美称，深为海内外学者所仰慕。

海源阁藏书楼，位于山东省聊城市东昌府区光岳楼南万寿观街路北杨氏宅院内。

海源阁是由清代著名藏书家杨以增创建于道光二十年（公元1840年）。

海源阁为单檐硬山脊南向楼房，面阔三间，上下两层，下为杨氏家祠，供杨氏先人牌位；上为宋元珍本及手抄本等秘籍收藏处。藏书楼上层中间门额上悬挂"海源阁"匾额一方，为杨以增亲手书写，额后有杨以增自题跋语。

海源阁藏书浩瀚。至清末，藏书已达3236种，共计20.83万卷有余，是杨氏四代人潜心搜集的结果。后历经战乱，多次遭破坏，所藏图书大部分散失，只有一小部分辗转收入北京图书馆和山东省图书馆。

现已在原址按原来的结构样式重建，并对游人正式开放。

蓬莱阁

蓬莱阁，位于山东省蓬莱市区西北的丹崖山上，是与洞庭湖畔岳阳楼、南昌滕王阁、武昌黄鹤楼齐名的古代"四大名楼"。

蓬莱阁面积有 3 万多平方米，包括三清殿、吕祖殿、苏公祠、天后宫、龙王宫、蓬莱阁、弥陀寺等几组不同的祠庙殿堂、阁楼、亭坊组成的建筑群，这一切统称为"蓬莱阁"。

自宋嘉裕年间起，历代都进行了扩建重修。秦始皇访仙救药的历史故事和八仙过海的神话传说，给蓬莱阁抹上了一层神秘的色彩，因而自古以来即有"仙境"之称。

蓬莱阁的主体建筑——蓬莱阁，建于宋朝嘉祐六年（公元 1061 年），坐落于丹崖极顶，阁楼高十五米，坐北面南，双层木结构建筑，重檐八角，阁上四周环以明廊，可供游人登临远眺。

明万历十七年（公元 1589 年），巡抚李戴在其旁增建了一批建筑，清嘉庆二十四年（公元 1819 年），知府杨丰昌和总兵刘清和主持进行扩建，使其大具规模。

蓬莱阁阁中悬有一块金字模匾，是清代书法家铁保手书的"蓬莱阁"三个苍劲大字。

蓬莱阁俯视大海，建筑凌空，海雾四季飘绕，有"仙境"之称。史载秦始皇、汉武帝都曾为寻求仙药先后来此，著名的"八仙过海"的神话故事也依附也此地，遂被历代文人墨客大家赞赏。

蓬莱阁以高阁为提挈，以"仙阁凌空"、"海市蜃楼"、"狮洞烟云"、"渔梁歌钓"、"日出扶桑"、"晚潮新月"、"万里澄波"、"万斛珠玑"、"铜井金波"、"漏天滴润"等蓬莱十大胜景为核心，构成了一个可动观、可静赏的完备的游览区域。登临阁廊，举目远望，长山列岛时隐时现，东北海疆碧波连天，春夏之际，海市蜃楼时时光临登州海上，使人耳目一新，心旷神怡。

蓬莱阁自古为名人学士雅集之地，阁内各亭、殿、廊、墙之间，楹联、碑文、石表、断碣、琳琅满目，比比皆是，翰墨流芳，为仙阁增色不少。

蓬莱阁前常出现"海市蜃楼"奇观，苏东坡的"东方云海空覆空，群仙出没空明中。荡摇浮世生万象，岂有贝雀藏珠宫"，袁可立的"纷然成形者，或如盖，如旗，如浮屠，如人偶语，春树万家，参差远迩，桥梁洲渚，断续联络，时分时合，乍现乍隐，真有画工之所不能穷其巧者"，正是"海市蜃楼"奇景的生动描写。

1982年，蓬莱阁被国务院公布为全国重点文物保护单位。

奎文阁

奎文阁，始名为"藏书楼"，位于山东曲阜孔庙内，是孔庙三大主体建筑之一。

奎文阁始建于宋天禧二年（公元1018年），始名"藏书楼"；金章宗在明昌二年（公元1191年）重修时，改名为"奎文阁"；清乾隆皇帝重新题匾。"奎"是星名，二十八宿之一，主文章，后人进而把奎（魁）星演化为文官首，而后代封建帝王为赞颂孔子，遂将孔子比作天上奎星，故以"奎文阁"为孔庙藏书楼名之。

奎文阁为历代帝王赐书、墨迹收藏之处，具有独特的建筑结构。

现存奎文阁高约 25 米，长 30 米，宽约 18 米，歇山黄琉璃瓦顶，三重飞檐，四层斗栱。内部两层，中夹暗层，层叠式构架，底层木柱上施斗栱，斗栱上再立上层木柱。

奎文阁阁前廊下有石碑二幢，东为"奎文阁赋"，系明代著名诗人李东阳撰文，名书法家乔宗书写；西为"奎文阁重置书籍记"，记载着明代正德年间，皇帝命礼部重修赐书庋藏的情况。

奎文阁结构合理，固坚异常，自明弘治十七年（公元 1504 年）重修以来，虽经受了几百年风风雨雨的侵袭和多次地震的摇撼，仍安然无恙、岿然屹立，为我国著名的古代木结构建筑之一。

龙华塔

龙华塔，位于上海市徐汇区，被誉为沪城"宝塔之冠"，与龙华寺相对成立。

龙华塔塔身高四十多米，为七层八角，砖木结构。塔内壁呈方型，底层高大，逐层收缩成密檐。每层四面皆有塔门，逐层转换，塔内楼梯旋转而上，供游人登塔远眺。塔顶饰有七相轮，新铸塔尖宝瓶重 175 公斤，高约两米，由上下两截相套而成。新铸塔刹重达三吨多，由覆盆、露盘、相轮、浪风索等 18 个部件组成。1984 年对塔心柱作了全面的修补，更换了顶部长约十米的塔心柱，并对塔身进行了修葺。

相传，龙华塔始建于东吴赤乌年间，由吴孙权建，赐额"龙华"，藏西竺康居僧会所请得的五色佛舍利。

新中国成立后，经古建筑学家鉴定：龙华塔重建于宋太宗兴国二年（公元977年），塔的砖身是北宋原物。

1984年5月再次对宝塔进行修葺。

2006年5月25日，龙华塔作为宋代古建筑，由国务院公布为全国重点文物保护单位。

松江兴圣教寺塔

松江兴圣教寺塔，位于上海市松江区松江镇中山东路方塔公园内，又称"松江方塔"。

兴圣教寺始建于北宋熙宁年间（公元1068—1077年）。

据方志记载，兴圣教寺塔在元、明、清三代曾有七次程度不同的修缮。至新中国成立前已残破不堪，有关部门进行了多次维修。在维修的过程中，发现和出土了许多的历史文物，如鎏金释迦牟尼涅槃铜像、"佛牙"（古象牙化石）、唐宋钱币等。

文物部门根据考古发掘的第一层基础情况，以及研究考证结果，复原了底层附阶，使塔再现了北宋时的形式。

在1975年至1977年大修中，发现全塔留存的177朵木斗拱，尚有宋代原物111朵，斗拱形制符合宋《营造法式》中大木作制度的规定。修缮中还发现三层塔身外墙面绘有宋代彩色跏趺坐佛像壁画两幅。

兴圣教寺塔平面为正方形，下层每边宽6米，塔高约43米。

兴圣教寺塔每层均设木制平座和塔檐，是砖木混合结构。第一层外周有木构回廊。每面三间，以砖砌倚柱划分。塔身四面辟门，内为方室，平座四周为勾栏。塔身内部为空筒式构造，每层均施木制楼板楼梯。塔身宽度逐层向上递减。塔刹为铁制刹座，其上直接扣以覆钵。刹身用相轮九重，上置宝盖。刹顶贯以宝珠、宝瓶，高耸挺拔，尚存早期塔刹形制。

兴圣教寺塔的形制和结构简洁明快，不少地方保存了唐、五代手法，是唐、宋时期过渡手法的重要实物，也是国内极少保存得如此完整的北宋佛塔，堪称我国楼阁式砖木结构古塔的杰出代表。

1996年，兴圣教寺塔，由国务院公布为全国重点文物保护单位。

徐家汇藏书楼

徐家汇藏书楼，全称为"上海徐家汇天主堂藏书楼"，又称"汇堂石室"。

徐家汇藏书楼创建于清道光二十七年（公元1847年），是上海天主教耶稣会修建来收藏中西书籍的书室，迄今已有150年的历史，经1860年和1897年两次扩建，形成了这座独立的两千多平方米的藏书楼。

徐家汇藏书楼共有两层，是耶稣会教士仿梵蒂冈教廷的藏书楼风格设计的一座藏书楼，外观为清水砖墙，多窗。一楼是中文书库，仿清乾隆时藏《四库全书》的文澜阁的形制；二楼藏西文书籍，布局和藏书拍架全为梵蒂冈式。

徐家汇藏书楼在 1956 年并入上海图书馆，收藏自 1515 年至 1949 年出版的外文文献共计 32 万册，涉及拉丁文、英文、法文、德文、俄文、日文等近 20 个语种，内容覆盖哲学、宗教、政治、经济、语言、文学、艺术、历史地理等各个领域。其中，1800 年前出版的西洋善本中的早期中外语言对照辞典、中国经典西译版本、中国文学经典西译版本、欧洲汉学资料等最有特色。

上海书隐楼

上海书隐楼，位于上海市天灯弄 77 号，是与宁波天一阁、南浔嘉业堂齐名的 "明清江南三大藏书楼" 之一。

相传，书隐楼为清乾隆时（公元 1736—1795 年），江西学政沈初建，后为郭万丰船号主人购得，其后裔居住至今，是唯一被列为上海市文物保护的一所私宅。

书隐楼是上海市区仅存的较为完整的大型清代建筑。

书隐楼它占地面积为 2000 多平方米，建筑面积千余平方米，共 5 进，有房 70 余间。东部有门楼、轿厅、大厅，西部为内宅，前后为二进厅楼，中间为院子，两面有侧楼。

书隐楼大厅的地基是大型条石基，十分稳固。正南中间为石库门，两扇大门前后都贴有磨平的方砖，木门藏于中间，是鲜有的中国式防火门。大厅西墙外有一口宋代石井，井栏呈八角形，每边各有横直线两道，式样与苏州北宋名园沧浪亭的井栏完全相同。

书隐楼第四进与第五进为主建筑，位居正中，曲径通幽漫步而人，顿有与世隔绝之感。第四进为正楼，供藏书之用，五进是宅居楼，是主人居家阅书的地方。两幢古典式走马楼成"开"字格局，雕梁画栋，精美绝伦。四周有大青砖砌起的厚二尺、高三丈六尺的封火墙围合，比上海老城墙还高出一丈二尺。大门、侧门均为石库门，木质门上都用方砖遮盖，可见其防火措施之严密。

书隐楼多砖雕、木雕，仪门、漏窗等雕镂山水人物，如文王访贤、"八仙"登山、凤穿牡丹、松鼠葡萄等，一般为砖雕；门窗隔扇、梁枋裙板上，有梅兰竹菊、汉宫秋月、亭台楼阁、双狮戏球等，为木雕。楼前东西两侧厅与北房之间，各有一块镂空立体雕刻的砖雕屏风。东侧雕三星祝寿，西侧雕八仙游山。背面是云中飞舞的蝙蝠，周围有福寿无比图案的镶边，顶部正中是二龙戏珠，底部正中是鸾凤和鸣，是江南宅居建筑装饰中不可多得的精品之作。

鹤鸣楼

鹤鸣楼是一幢武汉黄鹤楼的仿真建筑物，位于上海浦东。

1991年，上海川沙公园辟建东园时，在原园内儿童乐园旧址上，历时两年，兴建了这座仿武汉黄鹤楼式样的鹤鸣楼。

鹤鸣楼高54米，有五塔七层，总面积4200平方米。上用琉璃盖顶，下砌玉石平台。画栋四廊，矗立80立柱，飞檐翘角，悬六十金钟，宏伟壮丽，气势非凡。楼题鹤鸣，取《诗经·小雅·鹤鸣》："鹤鸣于九皋，声闻于天"。

鹤鸣楼有五匾，均由全国著名书法家题字，正匾"鹤鸣楼"由全国佛教协会主席赵朴初题字；"声闻于天"由来纪瞻题字；"海天旭日"由陈从周教授题字；"钟灵毓秀"由周慧君题字；"江东妙境"由谢稚柳题字。

现今，顾炳权撰写的《鹤鸣楼记》，以勒石为碑，立于底层大厅内。

大镜阁

大镜阁，坐落在上海老城厢人民路大境路口，建立在一段长近50米的古城墙上。

上海从元代建县，一直未筑城墙。到明代时，多次遭到倭寇的侵略。

明嘉靖三十二年（公元1553年），在此地用三个月时间赶筑了一座周长四千五百米，高约六米的城墙，城上筑有雉堞3600余个、敌楼两座，沿城墙外面筑有阔15米、深3米多、周长1500余丈的城壕。

明嘉靖三十六年（公元1557年），又增筑敌楼3座、箭台20座。

万历年间倭患平息，县城安宁，便在四座箭台上建造了丹凤楼、观音阁、真武庙和大境阁。

大境阁建在大境箭台上，是一座结构精巧、造型别致的抱厦式三层楼阁，供关帝像。

清嘉庆二十年（公元1815年），改建成三层高阁。道光元年（公元1821年），总督陶澍登阁观光后亲题"旷观"匾额悬于"熙春台"上。道光十六年（公元1836年），两江总督陈銮游此，题

"大千胜境"四字刻于东首石坊上。此后,大镜阁名声大振,被列为沪城八景之一。

清代后期,上海经济迅速发展,鉴于古城楼成了阻碍城内外交通、影响经济发展的障碍,遂于1912年7月先拆了南半城,1913年拆北半城,由于当年拆城指挥部——城壕路工事务所设在大境阁,又有人请求保留大境阁,于是以九亩地的泥土充填大境阁下的泥土,使这段城墙和大境阁得以保留下来。

现今的大境阁二楼还陈列了《上海老城厢史迹展览》,分城墙史话,设置沿革、东南重镇、城厢变迁、步入近代、文昌物华、南市展望等七个部分,以图片、图表、实物、模型、灯箱、置景等多种形式集中展现了上海老城厢七百多年间在政治、经济、军事、教育、文化等诸方面的变迁以及取得的成就。

山西省

飞虹塔

飞虹塔,位于山西省洪洞县城东北17公里处霍山南麓广胜寺内。

飞虹塔与广胜寺,都始建于东汉建和元年(公元147年),因寺名阿育王塔院,塔亦称"阿育王塔"。南北朝时期北周保定三年

（公元 563 年）重修，在建德三年（公元 574 年），因北周武帝废灭佛教而停工。唐肃宗上元元年（公元 760 年）续建完成。元大德七年（公元 1303 年）受到地震的冲击，被毁。明正德十年（公元 1515 年）重建，经过 12 年，于嘉靖六年（公元 1527 年）完成。由于是由法号飞虹的达连大师募资营建，世人感念其功，故称之为"飞虹塔"。明天启二年（公元 1622 年），增建底层回廊。

飞虹塔是 8 角 13 层楼阁式塔，高约 48 米，塔身内部以青砖砌成，外部以五彩琉璃砖瓦包砌，周围置围廊。

飞虹塔共 13 层，各层皆有塔檐，檐下是琉璃砖仿木构烧制的斗拱、柱枋、椽飞等构件，檐上有平座栏杆。各层塔身均有琉璃佛像、菩萨、金刚力士、塔龛、盘龙、鸟兽及各种动植物图案花纹。塔内中空，有阶梯可登。塔刹是金刚宝座形式，正中一塔作为塔刹主体，有四小塔分立四隅，这五塔均是喇嘛塔形式。塔刹刹顶上有八条铁链分拉在顶脊上，用以保持刹顶平稳。

泛舟禅师塔

泛舟禅师塔，位于山西省运城市盐湖区大渠乡北曲村报国寺遗址上。

报国寺始建于唐代，已被毁，仅存泛舟禅师墓塔。

据说，泛舟禅师是唐高宗李治的孙子，自幼聪慧，衷于佛事，20 岁出家为僧，修行于报国寺，是一代名僧。唐贞元九年（公元 793 年）圆寂后，为他建造了这座墓塔。唐长庆二年（公元 822 年）镌造墓铭。

泛舟禅师墓塔是单层圆形亭阁式砖塔，高约 10 米，底面直径约 6 米，由塔基、塔身、塔刹三个部分组成，各占总体的三分之一左右。塔基为砖砌圆筒形，由下而上略有收分。上置六层砖叠涩的须弥座，座上有砖雕壶门并隔以间柱。须弥座上是砖砌圆形塔身。塔身中空，南向正面辟门。

门框用石料作成，进入塔门是六角形塔室，顶部是叠涩式藻井，正中有四十厘米的小孔，直通上室，上室仍用反叠涩砖收缩至塔顶。

室外以八根倚柱分隔为八面八间，门侧按木构形制刻出破子棂窗。塔顶是一伞盖形圆顶。塔檐以砖叠涩而成，顶置塔刹。塔刹下部是两层巨大的山花蕉叶，其上承托半圆形覆钵、垂莲、仰莲、宝盖等，最上冠以用石头雕刻成的宝珠。

塔身正北面嵌有一方高 1 米，宽 73 厘米的"安邑县报国寺故大德泛舟禅师塔"塔铭，详细记载了泛舟禅师的生平及建塔经过。

泛舟禅师塔造型古朴优美，雕刻简洁有力，在建筑设计和雕刻艺术上都具有高超的艺术价值，其构思之独特，塔称古代建筑之精品。

2001 年，泛舟禅师塔由国务院公布为全国重点文物保护单位。

明惠大师塔

明惠大师塔，位于山西省平顺县虹霓村。

惠明大师塔始建于唐代，具体年代不详。据塔背面墙上镶嵌的后唐长兴三年（公元 932 年）《海会院明惠大师铭记碑》石碣，记载了在唐乾符四年（公元 877 年）明惠大师主持海惠院，正月十八日遇害，事后由北子崇诏奉潞州节度使命，捧舍利为大师建塔。因而得知此塔为唐代建造。

明惠大师塔为单层方形石塔，高约九米。塔基以青石垒砌，高约 150 厘米。基上塔座是束腰须弥座，上下三层叠涩，束腰部分每面设 4 个壶门，内有 16 尊石狮或行走、或仰视、或伏卧，形象各异，姿态生动。

明惠大师塔塔身为单檐四柱式，南面辟门，中空，设有方形塔室。门两侧雕有金刚像。门上半圆形券拱托起塔檐，券面雕有三名伎乐飞天之人。两边线刻缠枝花纹图案。塔顶四坡，中置叠涩刻山花蕉叶，塔刹束腰，基座上刻有露盘、仰莲、宝珠等。

2001 年，明惠大师塔由国务院公布为全国重点文物保护单位。

汾阳文峰塔

汾阳文峰塔，位于山西省汾阳市城区以东两公里的建昌村。

汾阳文峰塔始建于明末清初，具体年代不详。据《汾阳县志》记载，汾阳文峰塔由明末进士汾阳人朱之俊倡议集资而建。

汾阳文峰塔共 13 层，高约 85 米，居全国砖结构古塔之首。

文峰塔是古代人民为使当地文风、文脉顺达，多出人才，根据风水理论而建造的，具有观赏性和标帜性双重意义的建筑，遍布全国各地州县，是科举制度的产物，同时也是儒、释、道三种思想共同作用下的产物。汾阳文峰塔，雄伟挺拔，高度位于全国古塔之首，是我国文峰塔中的杰出代表。

汾阳文峰塔由塔座、塔身、塔刹三部分组成，为砖结构，共 13

层。外廊平面八角形，占地200多平方米，外廊塔层之间以砖雕椽、飞、斗拱组成的塔檐。塔身自下而上收分至塔顶。塔内室为平面方形，塔室之间以转折回廊式阶梯塔道相通。外廊塔壁和内室塔壁组成套筒式结构建筑。塔座为条石砌筑的须弥座，石条上雕有"竹节"、"仰莲"、"卷草"图案。从第一层塔门可进入塔内，塔室内有空井，上下贯通，从底层塔室仰视可见最上一层之天井，天井上加木制棂窗井盖。塔之梯道设于塔室与塔外壁之间，围绕塔室逆时针转折向上，在梯道转角处设休息台及拱券窗，每层塔室东南西北设十字形通道贯穿塔心，通道外口设拱券窗。塔室顶部及所有通道塔窗均为拱券式结构，塔顶攒尖式，13层塔檐檐口以上至塔顶作八面坡叠涩内收至塔刹，塔刹铜质鎏金。

2006年5月25日，文峰塔作为明至清时期古建筑，由国务院公布为全国重点文物保护单位。

圣寿寺舍利塔

圣寿寺舍利塔，位于山西省芮城县城东北1公里原圣寿寺内。

圣寿寺与塔始建于北宋天圣年间（公元1023—1032年），后历代均有重修。现寺宇建筑早已不存，唯塔屹立至今。

舍利塔为8角13层仿木构楼阁式砖塔，高约46米。

塔身向上每层逐渐收缩，外观为锥状轮廓。

舍利塔塔身第一层南面辟门，以上各层四正面设假门。第一层塔身较高大，一到三层的塔檐以砖做出斗拱。第四层以上塔檐以砖叠涩挑出。塔刹上部已毁，仅存覆钵状刹基。

舍利塔塔内中空，是空筒式结构，原设有木制楼梯楼板，可沿阶到达塔顶，现已不存。塔内保存有宋代壁画，所绘佛像、菩萨、供养人等，形象优美，线条流畅，大部分虽已残毁，但仍然可以看出宋代笔意。

万固寺多宝佛塔

　　万固寺多宝佛塔，位于山西省永济市西南山麓万固寺内。

　　万固寺依山而建，相传建于北魏时期，主要有五重殿宇，前为大雄宝殿，后为药师殿，再后为塔院。万固寺以"多宝佛塔"著称，而塔在寺院后半部，塔门上有一方石匾，上题"多宝佛塔"四字，由此得名"万固寺多宝佛塔"。

　　万固寺多宝佛塔始建于明万历十四年（公元 1586 年），在石匾题记已明确："大明万历十四年丙戌"。

　　多宝佛塔平面呈八角形，底层每边长约 5 米。全塔 13 层，高 54 米，四正面辟门，其余四面辟窗。

　　多宝佛塔第一层塔室砌作叠涩穹窿顶，中有小孔通塔身上层，但已无阶梯。13 层塔檐均以砖叠涩挑出，挑出部分较大，第二、三层塔檐尤为突出，挑出一米多。塔内设盘旋砖梯，每层都有塔心室，室内中空。

　　多宝佛塔塔刹形制较特殊，位于一个八角形巨大砖砌覆盆上，而且以砖挑出一层檐子，上施五级锥形台座。座上立八面覆斗形刹身，上覆宝盖，盖上覆置三个八面覆斗形刹顶，上冠圆形宝珠。覆盆檐子以上均为铜制。

多宝佛塔巍峨壮观，全部以磨砖对缝砌筑，砖质及砌筑工艺相当精密，称得上"工精料实"。

普救寺莺莺塔

普救寺莺莺塔，位于山西省西南永济市蒲州镇西厢村北隅普救寺内。

莺莺塔始建年代不详，但据古籍记载和出土文物考证，在隋朝初年已有该塔，而之所以命名为"莺莺塔"是因为《西厢记》中张生和莺莺的故事发生在普济寺内，于是把寺内的舍利塔名为"莺莺塔"了。

莺莺塔是四方空筒式砖塔，高13层，底层每边长8米多，南面辟门，门宽128厘米。塔内为方室。塔后壁有一龛，已无佛像。

莺莺塔第一层塔室不设楼梯，室顶砌作叠涩八角穹窿，中有一孔，可通上层。穹顶据考应是明代重修时所补砌。塔身第二层以上四面辟门，真假门相间，门顶作拱形。第一层以上塔身内部，皆为空筒，楼板已失，无法攀登。塔外壁以砖叠涩出檐。塔身第七层以下有明显收分，第七层以上檐层距离减少，塔檐也密，为明代加砌。塔檐叠涩挑出部分平直，并无内凹的反曲线，为明代包砖时所砌。

莺莺塔上嵌有一方后周显德二年（公元955年）所刻的《佛顶尊胜陀罗尼》石碣及八通宋、元、明、清碑刻，这些是研究普救寺的重要史料。

莺莺塔不仅是古代"永济八景"之一，还是与缅甸掸邦摇头塔、匈牙利索尔诺克音乐塔、摩洛哥马拉克斯香塔、法国巴黎钟塔、意大利比萨斜塔齐名的世界六大奇塔之一。

浑源圆觉寺塔

浑源圆觉寺塔，位于山西省浑源县城圆觉寺内。寺院建筑已大部残毁，仅塔保存完好。

圆觉寺塔始建于金正隆三年（公元1158年），明成化年间（公元1465—1487年）曾进行过修葺。

圆觉寺塔为八角九层密檐式砖塔，高30多米，塔下是高约4米的须弥座，四周雕有歌舞伎乐、力士和动植物图案花纹。

圆觉寺塔塔身下直、上尖，呈圆锥形。第一层塔身较高，四面辟门，唯正南为真门，其他三门均为假门，内塑释迦佛像。二层以上层层紧收，至第九层突然升高。塔顶上端为莲花式铁刹，再上为覆钵、相轮、宝盖、圆光、宝珠等。铁刹尖端有一翔凤，能随风旋转，作为风向指示标。每层檐角皆悬挂风铃，共有风铃72个。

阿育王塔

阿育王塔，位于山西省忻州市代县，俗称"白塔"。

阿育王塔始建于隋仁寿元年（公元601年），初为木塔。金兴定二年（公元1218年）元兵南下时，被毁。元朝至元十二年（公元1275年）改建为砖塔。

阿育王塔为圆锥形，佛教藏式造型，高40米。基台平面为长方形。塔座平面圆形，塔身上施曲尺形须弥座，座上承刹杆，上覆盖盘，中连金顶宝珠，是我国藏式塔中的佳作。2001年6月25日，阿育王塔作为元代古建筑，由国务院公布为全国重点文物保护单位。

后土祠秋风楼

游遍亭塔楼阁

YOU BIAN TING TA LOU GE

后土祠，坐落于山西省，坐北面南，东西宽约110米，南北长200多米，总面积两万多平方米。祠内现存建筑有山门、舞台、脚充饭队关西五虎殿、秋风楼等。

秋风楼位于山西万荣后土祠正殿后，因楼上藏有汉武帝《秋风辞》碑而得名。它东依峨嵋岭，西隔黄河与陕西省韩城市太史公马迁祠相对，依山傍水，居高临险，"千寻嵋岭演天亘，一曲黄河卷地来"。

秋风楼楼高约33米，下部筑有高大的台基，东西穿通，东门雕"瞻鲁"二字，西门雕"望秦"二字，南面为登楼之正门，周围砖砌花墙。

秋风楼分为三层，面阔、进深各五间，四周有回廊，为十字歇山顶式建筑；两层四面各凸出龟座一间，上筑瓦顶。二、三层廊下置斗拱或平座。楼身比例适度，檐下斗拱简洁，结构精美古朴。

秋风楼二、三层内各藏汉武帝《秋风辞》碑一块。三层碑高58厘米，宽73厘米，行草阳刻，体态端庄。此碑系元至元八年（公元1271年）所建，现已破裂，缺左上角，用木架镶嵌树于楼内。二层的一块碑高82厘米，长约两米，篆体阴刻，嵌在楼内北壁上，碑体完整，系清同治十三年（公元 1874 年）年八月立。

刻有《汾阳二圣配飨铭》的碑，树于祠内东北隅，碑高约 3 米，宽约 8 米，楷书篆额，系北宋大中祥符四年（公元 1011 年）真宗赵恒御制御书并篆额的。碑文冗长，共 1365 个字，碑刻保存完整，是我国宝贵的文化遗产，具有较高的历史价值及文化价值。

边靖楼

边靖楼位于山西代县县城内，人们俗称为"鼓楼"。

边靖楼建于明代洪武七年（公元 1374 年）。明成化七年（公元 1471 年）火焚后增台重建。

边靖楼悬挂有"声闻四达"、"威镇三关"、"雁门第一楼"等三块额牌匾。边靖楼，从南北城券洞穿过，外观雄伟、大方、古朴，楼基高达 13 米，长 43 米，宽 33 米。楼身高 26 米，楼顶为歇山式。楼内面宽七间，深五间，四周围廊。三层时，于勾栏下加设平座。

边靖楼整体结构严密、合理，历经数百年风雨侵蚀和多次地震冲击，至今仍完好无损。

2001 年 6 月 25 日，边靖楼作为明代古建筑，由国务院公布为全国重点文物保护单位。

鹳雀楼

鹳雀楼，位于山西省永济市蒲州古城西面的黄河东岸，是唐代河中府著名的风景胜地。

鹳雀楼与武昌黄鹤楼、洞庭湖畔岳阳楼、南昌滕王阁齐名，被誉为我国古代"四大名楼"。

据史料记载，鹳雀楼始建于北周，具体年代不详。后毁于元初。

鹳雀楼为三层四檐木质结构，高约 30 米。楼体壮观，结构奇巧，加之地方风景秀丽，唐宋之际文人学士登楼赏景留下许多不朽诗篇，其中王之涣《登鹳雀楼》诗"白日依山尽，黄河入海流。欲穷千里目，更上一层楼。"堪称千古绝唱，流传于海内外。

沈括在《梦溪笔谈》中也给了鹳雀楼八个字："前瞻中条，下瞰大河。"

1997 年 12 月，鹳雀楼复建工程破土动工，重新修建的鹳雀楼为钢筋混凝土框架结构，高约 74 米，总投资为 5500 万元。

现在，这座九层高楼在永济市黄河岸边落成。

祆神楼

祆神楼，位于山西省介休市北关顺城街，是三结义庙（旧"元神庙"）前的乐楼，又是街心点缀的过街楼，又名"玄神楼"。

祆神楼始建年代不详，在明万历年间曾改建，清康熙、乾隆间重修，规模皆不大。

祆神楼平面呈"凸"字形，总深度20米，前部面宽三间，街心部分面宽五间；四周设回廊。

祆神楼为两层，下层为庙门，上层为乐楼，中心为神龛。腰间设平座色栏，上部覆盖重檐；四根通柱直承上层梁架，山门戏台上下叠构，楼顶为十字歇山式屋顶，檐下四向凸出山花，瓦件脊饰全为琉璃制品，瑰丽壮观，为我国建筑史上的精品。

陕西省

喜雨亭

喜雨亭，位于陕西凤翔东湖公园内。

喜雨亭是宋代大学士苏轼受朝廷诏命，到凤翔来做"签判"时所建的。当时，苏轼26岁，签判又是文书一类的小官，工作不是很多。由于他才干独卓，性喜创造，就将府衙后面一块荒废多年的空地，掘沟引水，垒墙修圃。不久，便修造了一个小花园。过后不久，又在园中心土丘上开始修建可供观赏园中景色的亭子。

这时，因为当地旱性严重，禾苗枯焦，苏轼被派了一项紧急差事：赴太白山求雨。过了些日子，果然阴云密布，雷声轰轰，下了

一场透雨。恰在这时，苏轼修建的园亭也完工了。他借势随缘，给自己的小亭取名"喜雨亭"，又写下了一篇文章，名为《喜雨亭记》。

开初，喜雨亭不在东湖内，是后人为纪念苏轼疏浚东湖才迁移至此。现亭内有喜雨亭碑，上面记载着苏轼《喜雨亭记》全文。

周至大秦寺塔

周至大秦寺塔，位于陕西省周至县楼观镇塔峪村。原来这里有一组佛教寺院，名"大秦寺"。现在寺院建筑已毁，唯塔屹立于半山间。

大秦寺塔建筑的年代不详，依其建筑风格判断应为宋代遗物。

大秦寺塔为八角七层楼阁式砖塔，通高约41米。第一层正面辟门，门宽1米多，每面边长约5米。第一层塔壁很厚，达4米左右。塔身第二层到第六层交替辟南北门或东西门，顶层四面辟门，急剧收进。塔外檐出檐甚短，檐下以砖制斗拱，十分简洁。塔内有楼梯，可登至塔顶。

2006年，大秦寺塔由国务院公布为全国重点文物保护单位。

周至八云塔

周至八云塔，位于陕西省周至县城西南，又称"瑞光塔"。这里原有寺院，始建于唐景龙二年（公元 708 年）。今寺院已毁，唯塔独存。

八云塔为砖木混合结构密檐式塔，平面呈正方形。塔身原为 13 层，现为 11 层，残高约 36 米，最底层每边长 9 米。底层最高，超过 8 米。第二层至顶层，层高渐渐变小。

八云塔底层北门正中辟砖券拱门，东、西、南三面作假券门。从二层以上每层每面各辟两个砖券拱门，东西、南北相对，上下逐层错开。最底层以砖刻出普拍枋，上托斗拱。第二到五层每面均以青砖雕出仿木结构三间，并雕刻倚柱、阑额等。六层至顶部，檐下无斗拱装饰，每层叠涩出檐，并砌出两层菱角牙子等。塔顶部已毁。塔内为单壁中空，原有木楼板和楼梯，可登临至顶，已在清代被毁。

2001 年，八云塔由国务院公布为全国重点文物保护单位。

大雁塔

大雁塔，位于中国陕西省西安市南郊大慈恩寺内，又名"大慈恩寺塔"。因坐落在慈恩寺西院内，原称"慈恩寺西院浮屠"（浮屠即塔）。

大雁塔始建于唐高宗永徽三年（公元 652 年），玄奘法师为供奉从印度带回的佛像、舍利和梵文经典，以"恐人代不常，经本散失，兼防火难"并妥善安置经像舍利为由，在慈恩寺的西塔院花两年时间建了一座五层砖塔。

武则天长安年间（公元 701—704 年），女皇武则天和王公贵族，施钱在原址上重新建造，新建为七层青砖塔。唐末期，慈恩寺寺院

屡遭兵火，殿宇焚毁，只有大雁塔独存。

五代后唐长兴二年（公元931年）对大雁塔再次修葺。后来，西安地区发生了几次大地震，大雁塔的塔顶震落，塔身震裂。

明朝万历二十三年间在维持唐代塔体的基本造型上，对其外表进行了完整的包层。

大雁塔是仿西域窣堵坡形制的楼阁式砖塔，由塔基、塔身、塔刹三部分组成，通高约65米，塔身7层。塔基高约5米，南北约49米，东西约46米。塔体呈方锥形，平面呈正方形，底边长为约26米，塔身高约60米，塔刹高约5米。

大雁塔塔身由仿木结构形成开间，由下而上按比例递减。塔体各层均以青砖砌檐柱、斗拱、栏额、檀枋、檐椽、飞椽等仿木结构，磨砖对缝砌成，结构严整，异常坚固。塔身各层壁面都用砖砌扁柱和阑额，柱的上部施有大斗，在每层四面的正中各开辟一个砖拱券门洞。塔内的平面也呈方形，各层均有楼板，设置扶梯，可盘旋而上至塔顶。第一层和第二层多起方柱隔为九开间，第三、四层为七开间，五、六、七、八层为五开间。塔上陈列有佛舍利子、佛足石刻、唐僧取经足迹石刻等。

1961年，大雁塔由国务院公布为全国重点文物保护单位。

小雁塔

小雁塔，坐落于陕西省西安市南门外碑林区友谊西路东段南侧的西安博物院内。

小雁塔始建于唐代景龙年间（公元707年），因规模小于位于西安南郊大慈恩寺内的"大雁塔"，故称之为"小雁塔"，是唐代长安城保留至今的一处标志性建筑。

小雁塔历史悠久，明、清两朝时期对其进行过多次修缮。明宣德元年（公元1426年），陕西西宁卫弘觉寺番僧勺思吉蒙钦锡集资重修。明正统十四年（公元1449年）大修，竣工后，向朝廷乞赐寺名。明英宗的亲笔书写"敕赐荐福寺"。明成化末年（公元1487年），西安地区发生地震，小雁塔的塔身震裂。明嘉靖三十四年（公元1555年）遇到地震时塔顶两层被震毁，仅存13层。

小雁塔是密檐式砖结构佛塔，由青砖砌筑。塔平面为正方形，原有15层，现存13层，高约44米。基座为砖方台。基座下有地宫，为竖穴；基座之上为塔身。塔身底层较高，二层以上逐层高度递减，故塔的轮廓呈现出秀丽的卷刹。塔身宽度自下而上逐渐递减，塔身轮廓呈现锥形形状。

小雁塔塔身为单壁结构，塔内中空，塔壁不设柱额，塔身上为叠涩挑檐，塔身每层砖砌出檐，檐部迭涩砖，间以菱角牙子，塔身表面各层檐下砌斜角牙砖。塔底层南北两面各开有一券门，青石门相。

1958年，相关文物部门对小雁塔进行修复。1961年，由国务院公布为全国重点文物保护单位。

中阳楼

中阳楼，位于陕西省孝义市。

中阳楼始建于汉魏，元大德七年（公元1303年）遭到地震，坍

毁。后复建，年不详。

清同治七年（公元 1868 年）又遭雷火，清宣统元年（公元 1909 年）重建；1957 年、1983 年进行了两次较大的全面修葺。

中阳楼楼高约 24 米，坐落于 3 米见方、高约 2 米的四个石砌墩台之上。楼体呈平面方形，四层四檐，全木结构，十字歇山顶式。底层高 5 米，通穿四方。磴台设楼梯、列碑刻，井藻富丽华美，结构合理，建筑彩画色彩艳丽，绘有封神榜、水浒传、岳飞传等有关人物故事；二层高约 4 米，中间建神台，列四方佛坐像（已在"文革"时砸毁）；三层高四米，中设莲花台，塑五尺高的观音大士泥像；四层高 3 米，中空无物，为游人浏览全城之所在；顶高 4 米，仞高 2 米，用一色琉璃脊兽铺砌，流金溢彩；楼底碑刻 6 通，志记修葺事项。

中阳楼上下于南北双向悬挂大小牌匾 14 块，皆为历代境中书法名人手迹，牌匾文字南向一檐下书"中和位育"，侧匾书"带汾水，襟霍山"，南向二檐下中匾书"行孝仗义"，侧匾书"向南斗"、"衔衡岳"；北向一檐下中匾书"光被四表"，侧匾书"控云朔"、"位中枢"；北向二檐下中匾书"纵览四宇"，侧匾书"倚太恒"、"拱北极"。南北四檐下各悬一匾，为"中阳楼"三字。此外，在一楼南向檐柱上挂有一幅木刻对联，上联为"孝为人之本"，下联为"义乃君之宗"。

中阳楼是晋中和吕梁地区保存至今结构最完整规模最大的楼式古建筑，是孝义市历史街区及重大繁华贸易区的标志性建筑，不仅再现了这一地区市楼的建筑风格，而且反映了这一区域历史发展进程中的商业盛衰信息，具有很高的历史价值和科学价值。

中阳楼由国务院公布为全国级重点文物保护单位。

西安钟鼓楼

西安钟鼓楼，位于中国陕西西安市中心，钟楼与鼓楼东西对峙。

钟楼初建于明洪武十七年（公元 1384 年）。原址在今西大街广济街口，明万历十年（公元 1582 年）重修，迁建于现址。楼上原悬大钟一口，作为击钟报时用。

钟楼建筑为重檐窝拱，攒顶转角的木质结构，共有 3 层。楼高约 28 米，通高 36 米。每层均施斗栱装饰。楼基面积达 1300 多平方米，通四街各有门洞。基座为正方形，高约 9 米，宽约 4 米，用青砖砌筑。内有楼梯可盘旋而上。

鼓楼始建于明洪武十三年（公元 1380 年），清康熙十三年（公元 1674 年）和乾隆五年（公元 1740 年）先后进行重修。

鼓楼九楹三层，为歇山顶重檐木构建筑。楼高约二十五米，通高三十三米。座宽三十八米，长约五十三米，高约九米，全用青砖砌筑。南北正中辟有高、宽各六米的券门。北悬"声闻于天"匾额，南悬"文武盛地"匾额。

钟楼的西北角上陈列着一口明代铁钟，重五吨，钟边铸有八卦图案，建造于明成化年间（公元 1465—1487 年）。

钟楼的门扇槁窗雕刻精美繁复，表现出明清盛行的装饰艺术。

第一层北门，自西向东依次为：虬髯客；木兰从军；文姬归汉；吹箫引凤；红叶题诗；班昭读书；博浪沙椎秦；唱筹量沙。

第一层东门，自北向南依次为：长生殿盟誓；连环计；黠鼠夜扰；挂角读书；卞庄刺虎；嫦娥奔月；东坡题壁；李白邀月。

第一层南门，自东向西依次为：文王访贤；伯牙鼓琴；画龙点睛；斩蛇起兵；伯乐相马；柳毅传书；舜耕历山；把桥授书。

第一层西门，自南向北依次为：枕戈待旦；李陵兵困；由基射猿；龙友颂鸡；黄耳传书；孙期放豚；陶侃运砖。

第二层东门，自北向南依次为：单刀赴会；击鼓金山；岳母刺字；孟母择邻；子路负米；画荻教子；温娇绝裙；闻鸡起舞。

第二层南门，自东向西共八幅"八仙过海，各显神通"的画面，依次为：钟离权、张果老、吕洞宾、曹国舅、铁拐李、蓝采和、韩湘子和何仙姑。

第二层北门，自西向东共八幅勺"仙醉酒"画面，依次为：钟离权、张果老、吕洞宾、曹国舅、铁拐李、蓝采和、韩湘子和何仙姑。

第二层西门，自南向北依次是：写经换鹅；茂叔爱莲；灞桥折柳；踏雪寻梅；陶潜爱菊；寻隐不遇；孤山放鹤。

天禄阁

天禄阁，位于陕西省西安市区西北约八公里处的未央区境内。

汉未央宫前殿遗址北面约六七百米处，有两处驰名古迹：一所叫天禄阁，另一所叫石渠阁。

天禄、石渠两阁，成一条直线，东西相对而立，间距 52 米。东为天禄阁（在今未央区天禄阁小学内），西为石渠阁（周河湾村东一座土丘）。

天禄阁与石渠阁同为汉宫御用藏书典籍和开展学术活动的地方，

是我国最早的国家图书馆，也是世界上最早的国家图书馆和档案馆。

天禄阁始建于西汉初年。当时开始设计修建作为统治阶级的国都——长安时，丞相萧何就在未央宫中主持修建这所藏书阁了。西汉初，统治阶级继续推行秦代的"挟书之律"，禁止民间私自藏书。汉惠帝时，为收集和整理图书，废除"挟书之律"。汉武帝时，更积极地收集整理书籍，命令丞相公孙弘"广开献书之路，建藏书之策，置写书之官"，"下及诸子传说，皆充秘府"。汉成帝时又遗谒者陈农"求遗书于天下"，并分类整理。经过几代帝王的努力，秦末散佚的图书又被发掘和整理出来，集中到长安的书籍约有600家，13000多卷，藏于天禄阁与石渠阁。

天禄阁位于未央宫北部，南距前殿730米，主要存放国家文史档案和重要图书典籍，西汉的著名学者杨雄、刘向、刘歆等都曾在天禄阁校对书籍。汉成帝时，曾命学者在未央宫天禄阁中进行过一次大规模的图书整理和校勘工作。光禄大夫刘向校经传诸文诗赋，步兵校尉任宏校兵书，太史令尹咸校数术，太医监李柱国校方技，每校成一本，由刘向画出篇口，修改错误，写出提要。

刘向死后，汉哀帝令其子刘歆子承父业，把汉皇家藏书加以校勘、分类、编目后写成定本。目录分为提略（诸书总页）、六艺略、诸子略、诗赋略、兵书略、数术略、方技略七部分，共33090卷，统称《七略》。《七略》是我国第一部图书分类目录。我国目录学之祖《别录》，也是刘向在天禄阁编撰的。

天禄阁是一座高台殿阁建筑，原阁规模宏大，后经两千多年来的风雨剥蚀，现在的天禄阁只留下了台基。遗址位于天禄阁小学内，现存夯土面积2万平方米，残高7米，台上有一间房，还有后人为纪念刘向而修建的"刘向祠"。

陕·西·省

麒麟阁

麒麟阁，位于陕西省西安市区西北约 8 公里未央区境内。

麒麟阁为汉朝阁名，供奉具有卓越的功勋的功臣。杜甫《投赠哥舒开府翰》诗："今代麒麟阁，何人第一功。"

麒麟阁，始建于汉武帝时期，建于未央宫之中，主要用于藏历代记载资料和秘密历史文件。后汉建帝为表彰功臣，将历代对汉有功的功臣画像存放于麒麟阁。

如果把龙作为帝王象征的话，麒麟就象征辅佐帝王的将相功臣。麒麟阁先后供奉了 11 位功臣，11 人中霍光为第一，并为了表示尊重，独不写出霍光全名，只尊称为"大司马、大将军、博陆侯，姓霍氏"。其次为张安世、韩增、赵充国、魏相、丙吉、杜延年、刘德、梁丘贺、萧望之、苏武等，共 11 人，史称"麒麟阁十一功臣"。

四川省

夏云亭

夏云亭，又名"压云亭"、"戛云楼"，位于四川达县南外亚云

游·遍·亭·塔·楼·阁

YOU BIAN TING TA LOU GE

村西北四百米的翠屏山上，是达县旧八景之一，属达州市重点文物保护单位。

据《达县县志》记载：该亭始建于唐宪宗元和十一年（公元816年），为唐代诗人元稹谪贬通州司马时主持所建。

相传早年通州翠屏山上空，每日中午常有五彩云霞升起，被认为是不祥之兆，众人恐其必有后患，招致祸殃，于是众人商议在翠屏山建亭以其压之，将其命名为"压云亭"。又据清代《达县志》记载明代举人李长祥《戛云亭记》称：……吾州当盛时，俗颇好游，每岁元旦一日即出游，至十五、六日方止，……亭之外又最高，人无不趋高者，鼓歌竞作，于唱连声，狂客酒徒，喧嚣满路，自下听之，如之中流响，戛然而鸣，故又雅其名"戛云亭"。

戛云亭在元代被毁，据《达县志》记载：清乾隆四十八年（公元1783年），由坤士周德纯等在旧址重建；但有术者言："城座坎位（属水），楼亭耸坤方（属土），土能治水，绝命之乡，合有大患，为民祸殃。"嘉庆二年（公元1797年）移建山阴。光绪二十五年（1899年）又将亭移至现址，故现在的压云亭为清嘉庆二年重建的。

戛云亭占地约57平方米，高12米，为砖木结构，内椽外砖，三层八角攒尖式屋顶，弧檐翘角，筒瓦复顶，滴水接檐。亭底周长约26米，三面开门，门为弧形拱门，三面开长方形十字格窗，底层翘角下塑有五色彩云（以示楼压云）。二、三层均三面开正方形棱形格窗。

戛云亭亭内分回廊及亭心两部分，亭心有一小门，可登楼顶；三层楼檐口饰有不同兽面的雕刻图案；整个建筑层层上收，玲珑雅致，颇具清代园林建筑风味。

宝光寺塔

宝光寺塔，位于四川省成都市北郊 18 公里处的新都区城北宝光寺内。

相传，宝光寺始建于东汉，隋唐时名为"大石寺"。唐中和元年（公元 881 年）黄巢起义军攻占长安，僖宗李儇逃至四川，以此寺庙为行宫。后在寺内佛塔废墟中寻得夜放紫色霞光的舍利子，僖宗遂下诏重建庙宇及佛塔，改名为"宝光寺"。

宋时达到鼎盛，有三千多余僧众。明末毁于兵火。

清康熙九年（公元 1670 年）重建，至咸丰元年（公元 1851 年）竣工，后又多次增修扩建。

宝光寺塔为 13 层砖塔，平面呈四方形，高 30 米。下为石砌方台，上建塔身。第一层塔身较为高大，上施十三层密檐。每层檐下并列三个小龛，嵌三尊泥金佛像。塔檐结构为叠涩挑出，微有反翘。各檐角悬挂铜铃。塔刹为鎏金宝顶。

宝光寺为四川省文物保护单位。

邛崃石塔寺石塔

邛崃石塔寺石塔，位于四川省邛崃市高何镇高兴村石塔寺内。

石塔寺，原名"大悲寺"，因建有石塔遂改为"石塔寺"。现仅存明正统年间重修的大殿和石塔。

石塔原名为"释迦如来真身宝塔",寺中现存的一通清咸丰三年（公元1853年）重刊明正统年间（公元1436—1449年）记事碑,详细记载了石塔的修建经过。

石塔位于石塔寺寺前山门外约八米处的寺中轴延长线上。

石塔全部以红砂岩砌筑,平面呈四方形,为13层密檐式塔,通高约18米。塔下为石砌台基,每边边长近6米。基台上置双重方形须弥座,下大上小。下层须弥座束腰部分以间柱分为三间,刻海棠曲线形壶门浮雕,门内刻牡丹、莲荷等纹饰;正面正中一间辟佛龛,内供佛像。上层须弥座束腰内亦以间柱分作三间,内刻卷草纹饰。须弥座四隅外出为旋涡形圭脚。檐柱为八角形石柱,下承方形柱础,其上复置仰覆莲座。石塔的第一层塔身方形,每面正中辟龛门,内供佛像。塔门上各有立匾一方,上刻"释迦如来真身宝塔"塔名,并刻有建塔年月和书写人姓名落款。

石塔第一层塔身龛门上以石刻叠涩八层挑出,与附阶檐柱共同承托第一层宽大的塔檐。塔檐亦为石制,四角反翘。第一层塔身以上出密檐12层,各层距离较近,均以石刻叠涩挑出。各层檐下塔身低矮,仅半米左右。每面刻三个佛龛,内雕一尊坐佛像,共计144尊。塔身刻有《大悲咒》、《观音经》、《地藏本院经》三卷,因为年代久远,已不甚清楚。塔身外廓从第二层到第六层,每层略有增大,而从第七层到十二层则逐层收小,因而成"梭柱"形式。塔刹为两重石制覆钵,上冠以石宝珠。

据《重刊古志碑》记载,在石塔的基台四面,塔身轴线的四方约半米处分别立有四天王像,具有四大天王托塔之意。

2001年,石塔寺石塔由国务院公布为全国重点文物保护单位。

平襄楼

平襄楼，位于四川省雅安市芦山县芦阳镇南街汉姜侯祠内，又名"姜庆楼"。

平襄楼始建于北宋，为纪念三国蜀大将军平襄侯姜维而建造。

芦山在蜀汉时为汉嘉郡首府为蜀之边郡。传为姜维屯兵守边御羌、封荫食邑和肝胆归葬之地，有姜城，姜维墓等诸多遗迹。

县民历代崇祀姜维，据明代《请建屠侯祠碑记》等的记载，自西魏起，春秋以少牢祀之。农历八月中秋，传为姜维殉难之日，全城高搭彩楼四十八座，"壮其品之高，节之坚"，于诸彩楼，歌舞竞胜，娱神娱人，成为当地千古民俗一景："八月彩楼"，所谓"四十八台竞胜罢，满城歌舞乐中秋！"（清胡联云《八月彩楼》诗）此项纪念姜维的地方民俗活动，在北宋时即已十分隆重热闹，达到"彩包凌霄汉，鼓声震寰区"，以致"扶观塞道途"（宋杨巽《彩楼诗》）的盛况。平襄楼便是地方官员主持这项祭祀姜维的场所和观赏演出活动的中心。

明代时，以平襄楼为中心，逐渐增建临街的牌坊，仪门和平襄楼后的有姜维木雕坐像的大殿，平襄楼成为祭祀姜维的享殿，整体形成"汉姜侯祠"的格局。延至清代，楼内成为祭祀姜维的娱神演出傩戏庆坛的总坛所在，楼名亦逐渐演变为"姜庆楼"。

平襄楼坐北向南，为三重檐歇山顶抬梁式木结构斗拱建筑，南北檐面相同，一楼一底，上下层间附腰檐一周，通高约14米。底层面阔5间，纵深5间，10米，占地200多平方米。上下檐四周施斗拱 38 朵，五铺作，正背面明间皆施补间铺作 2 朵。内柱为通柱，直达上层。上层为四架橡屋用 2 柱，面阔 3 间，其外腰檐内有平座和扶栏一周，可凭栏远眺。

平襄楼是研究古建筑、三国姜维民俗和芦山庆坛、花灯等傩戏和民间小戏形成史的重要实物。《蜀中名胜记·雅州·芦山》记载；"按：绍兴二十三年，徐闳中记：土人祀姜伯约，有庙，额曰'平襄'。"徐闳中，据清《芦山县志》等参证，应为李闳中，南宋绍兴间卢山县令，所记当即此楼。

平襄楼虽经历代维修，但内部结构仍保持着始建时的部分特色，对古建筑学家的研究极有价值。

凤凰楼

四川北部门户广元有一座突兀的山，名叫凤凰山，山顶矗立一楼，曰"凤凰楼"。

传说女皇武则天出生时，有一只彩凤绕她家房屋翱翔了一圈，便向东山飞去了。时任都督的武父一时兴起，遂将"利州"（广元古称）西山改为"乌龙山"，东山唤名"凤凰山"，以示纪念。

凤凰楼楼高 42 米，共 13 层，总面积 1600 多平方米。

凤凰楼顶厅和前短后长的卷棚尾顶，酷似凤头、凤啄和凤颈。在朝北楼层的围栏处远眺，恰似凤羽，色泽金黄光亮。楼内梯步呈方形，可盘旋而上，直至楼顶。

凤凰楼楼层南北错落各半，因此，从楼里下部仰视，凤凰楼那自上而下逐渐由北而南翘起的檐角，形成既往北飞、又回首南望的美姿，给人以灵动飘逸的感觉。

四川大观楼

四川大观楼，位于四川省宜宾市市中区西街口，是宜宾古建筑之一。

四川大观楼，始建于明代嘉靖年间（公元 1522—1566 年），当时称"谯楼"。明末张献忠义军进攻宜宾与明军激战，被毁于战火，仅存台基。清乾隆二十年（公元 1755 年）由宜宾知府托隆重建。

四川大观楼楼高 28 米，长约 32 米，宽 20 多米，呈长方形，整个楼分 4 层。底层用石砌，中有十字形通道，可容车马通行。上面 3 层，为斗拱木质结构，四角飞檐，凌空翘首，崥周棂窗，高敞明丽。楼的西面，有两道各 29 级石梯，直通楼厅。

大观楼二楼东檐端，挂有"大观楼"三字匾额，每字见方 150 厘米，酣畅淋漓，挺拔雄健，是乾隆年间知府托隆的幕僚冀宣明所书；西檐下，有"西南半壁"四字匾额，潇洒流畅，俊秀苍劲，为清代华阳顾汝所写。

整个楼形建筑，精美典雅，巍峨雄壮，保持了我国传统的建筑风格。登楼眺望，远山如画，双江若带，令人心旷神怡，不愧"大观"二字。

新中国成立前，大观楼年久失修，楼台窗棂残破不全，栋梁屋檐腐蚀，楼下通道成了乞丐栖息之地，楼上则为观火报警和关押"壮丁"之所，整座楼宇萧瑟凄凉；新中国成立后，宜宾市人民政府多次拨款修葺大观楼，使之焕然一新，变得雄伟壮观。"文革"期

游·遍·亭·塔·楼·阁

YOU BIAN TING TA LOU GE

间，大观楼曾改为"东风楼"；"文革"后，恢复为"大观楼"。

1981 年，大观楼由宜宾地区行署公布为文物保护单位。

成都望江楼

成都望江楼，位于成都市九眼桥锦江南岸的望江楼公园内，原名为"崇丽阁"。

为了纪念女诗人薛涛，光绪十二年（公元 1886 年），开始建"崇丽阁"。建成之时，取晋代大文学家左思有名的《蜀都赋》中的"既丽且崇，实号成都"，而得名"崇丽阁"，后因楼身位于锦江边，故名"望江楼"。

望江楼高 39 米，共四层，上两层八角攒尖，下两层四方飞檐，突立于江边，望浩瀚江水，看西北雪山雄姿。

望江楼每层的屋脊、雀替都饰有精美的禽兽泥塑和人物雕刻，阁顶为鎏金宝顶，丽日之下，金光闪闪。

2006 年 5 月 25 日，望江楼作为清代古建筑，由国务院公布为全国重点文物保护单位。

东坡楼

东坡楼，位于栖鸾峰巅，是由楼、廊、亭组成的庭院建筑，是四川南充凌云山著名古迹之一。

东坡楼，坐东北向西南，为歇山式单体木质两重楼房。门额横匾"东坡楼"三字是黄庭坚手书而成，楼堂正中的东坡坐像，神态高洁潇洒，形神俱佳。坐像的背面，是东坡书写的欧阳修的《丰乐亭记》，左右两侧则陈列着木刻的竹像和砖雕的碑文，整个大厅简明而静穆。

东坡楼两侧壁上，有清代以来石刻碑记十余通，其中尤以道光年间所刻东坡画梅菊四副及东坡笠屐图画像最为精美。楼前为洗墨池，池中游鱼背脊乌黑，相传为苏东坡在此洗砚墨水所染。

越王楼

越王楼，位于四川省绵阳市。

越王楼是唐太宗李世民第八子越王李贞任绵州刺史时（公元656－661年）所建，耗资几十万两，历经三载建成，楼高25米。后毁于明末清初战火。

2001年10月24日，开始重建越王楼。

重建后的越王楼，高99米，为全国仿古建筑之最（现今滕王阁高约60米，黄鹤楼高约53米，鹳雀楼高72米，岳阳楼高32米）；楼内收藏了许多诗文，共收录包括李白、杜甫、王勃、陆游等历代大诗人题咏越王楼诗篇154篇（黄鹤楼112篇，滕王阁86篇，岳阳楼、鹳雀楼虽有名诗文，但并不多），非常丰富。

游·遍·亭·塔·楼·阁

YOU BIAN TING TA LOU GE

台湾省

金门文台宝塔

金门文台宝塔，位于台湾金门县金城镇古城村旧金城南磐山南端。

据旧志记载，文台宝塔建于明洪武二十年（公元1387年），为江夏侯周德兴所建，用以航海标志。

文台宝塔为5层楼阁式实心塔，以花岗石砌筑。塔身五层，平面呈六角形。塔下为磐石基座，略出短檐。底层塔身较高，由下而上逐层收分递减。塔顶镇以尖形石锥。塔顶层檐下有一块横刻"奎星鳌举"四字的条石。条石下有一块方石，浮雕"奎星踢斗"图像。塔下磐石刻有明万历三十五年（公元1607年）百户陈辉手书的"湖海清平"字样，以及"文台宝塔"四字等。

台·湾·省

天津市

蓟县观音寺白塔

蓟县观音寺白塔，位于天津市蓟县城内西南隅，与著名古刹独乐寺隔街相对，因塔前原有观音寺，塔身为白色，故称"观音寺白塔"；旧时这里曾为渔阳郡治，因此又称此塔为"渔阳郡塔"。

观音寺白塔始建于辽代，明嘉靖、隆庆、万历及清乾隆时期都曾进行过修葺。塔的平面呈八角形，通高30多米。塔的下部是用花岗岩石条和砖砌筑的须弥座，束腰处砌有24个壶门，镶有24组伎乐俑砖雕图案。

八角座的每角各饰一支撑塔身的金刚力士像，当地俗称"硬朗汉"，形态生动传神。座上用砖仿木构做有斗拱、栏杆及装饰花纹。

白塔的须弥座上建有两层八角形密檐式塔身。台座上置喇嘛塔式覆钵，雕有16组悬鱼纹装饰图案。覆钵上是用砖层层叠出的八角形叠涩檐，檐下有小型悬鱼雕饰，檐悬24个小风铎，迎风摆动，叮咚作响。再上是13重相轮和铜制刹顶，巍然壮观。

白塔塔身南面辟门，可进入塔内，塔内设佛龛，原有木雕佛像数尊，今已无存，内壁绘有壁画。北面辟有一小方孔。东、西、北三面设假门，拱门两旁雕有飞天，轻翔门上，栩栩如生。

观音寺白塔四个侧面浮起碑形墙面，阴刻佛教偈语，东南面为"诸法因缘生，我说是因缘"，西南面为"因缘尽故灭，我作如是说"，西北面为"诸法从缘起，如来说是因"，东北面为"彼法因缘尽，是大沙门说"。

悦宝楼

悦宝楼，坐落在天津市和平区赤峰道上，被当地人成为"瓷房子"。

悦宝楼是一座法式建筑，原为工商局旧址。因年久失修，曾闲置十余载。经有关方面介绍，张连志出巨资将其购置下来，并用近四年的时间对其进行了不破坏原结构的修葺、加固，"化腐朽为神奇"，将其打造成为了一座世上罕见的"瓷楼"，并请冯骥才命名"悦宝楼"。

现形建筑囊括了张连志20余年从全国各地乃至国外所收集的各朝、各窑古瓷（以宋钧、元钧、青花、青瓷居多）及古代石雕，让这座破旧的小洋楼"旧貌换新颜"，烙上了鲜明的中国符号，成为了天津旅游产业的一个新亮点。

粗略统计，悦宝楼已用掉了四亿多片古瓷片，以宋元钧瓷为主，也有少量汝窑瓷、定窑瓷、龙泉窑瓷等，官窑、民窑等；5000多个古瓷瓶，包括唐三彩、元青花、明青花、明五彩、清青花、清粉彩、清珐琅彩、清五彩等；囊括了宋、元、明、清各个时期4000多个古瓷盘和碗；以明清时期磁州窑瓷为主五百多个瓷猫；300多尊石狮子；一尊清代的高近两米，形象逼真，体态匀称，且完好无损，堪

天·津·市

称孤品的琉璃母狮子；300 多尊佛造像，多为汉白玉造质，以北魏、北齐、东魏、唐代、宋代为主；两百多幅古代、近代和国外名人的书画，国内的如唐代张萱、周昉，宋代梁楷、苏轼、赵佶等，元代陈林、钱选登，明代陈洪绶等，清代朱耷等，现代张大千、齐白石、徐悲鸿等，国外如达·芬奇、毕加索、梵高、达利等；几百件明清时代的家具；20 多吨天然水晶石，包括紫水晶、黄水晶、粉水晶、白水晶，投入资金 20 多个亿。

这些瓷器和瓷片，通过点线结合，疏密有致地结合在一起，富有节奏韵律感，奏响了一曲古色古香的"凝固的音乐"，给人以无限遐思和审美愉悦。

香港特区

香港聚星楼

香港聚星楼，位于香港特别行政区元朗屏山上，是香港现存唯一的一座古塔，又名"魁星塔"、"文昌阁"，当地人称"文塔"。

聚星楼，始建于明代。据屏山邓氏族谱记载，此塔由邓族第七世祖彦通公兴建，已有六百多年的历史，是邓氏家族聚居地的一座风水塔。

聚星楼为楼阁式砖塔，现高约 13 米。平面呈六角形，原有七层，后来上部四层被台风吹毁，现存三层。

聚星楼台基低矮，周边护以低矮围墙。塔身叠涩出檐，逐渐收分。第一层塔身正面辟门，门楣上镶嵌一方石匾，镌有"光射斗垣"四个大字。二层辟有拱券窗及小洞孔，窗上有"聚星楼"石匾。三层辟有圆窗和小洞孔，圆窗上也嵌有石匾。

聚星楼内中空，置塔室，有阶梯可登至顶层。顶层供奉魁星。塔顶为攒尖顶。

2001年，聚星楼被列为香港法定古迹。

云南省

允燕塔

允燕塔，位于云南省盈江县城以东互公里的允燕山上，又称"曼勐町塔"。

允燕塔始建于1947年，由盈江盏达土司思洪升募建，目的是为了镇水妖，绝洪患，根除兵灾和瘟疫，使人民安居乐业。由于战乱和瘟疫等原因，直到1955年才竣工。

1982年，云南省有关部门拨款重修，并于塔前增立"嘎朵"（缅语传说中的一种奇兽）一对。

允燕塔底部占地面积400平方米，为多层砖混结构型塔，由主

塔和 40 座小塔组成，均呈圆锥体形。

允燕塔主塔高 20 米，塔的基座上设五层坛台，第一层每面立七座小塔，从第二层开始逐层收缩，每层的四角各立一小塔，为方形弥须座。主塔高大雄伟，塔身雕刻莲瓣、力士等饰纹，塔尖敷以金箔，其余涂白石灰，将外来佛教文化和傣族传统建筑融为了一体。

允燕塔修建年代虽然不太长，但由于造型独特优美，塔体壮观，在众多佛塔中仍很有名气。

2006 年 5 月 25 日，允燕塔被国务院公布为全国重点文物保护单位。

官渡金刚宝座塔

官渡金刚宝座塔，位于云南省昆明市东郊五公里官渡街上，当地人称之为"金刚塔"、"穿心塔"。此地原有妙湛寺，故此塔又称"妙湛寺金刚塔"。现在寺已毁，塔尚存。

官渡金刚宝座塔，始建于元至正年间（公元 1341—1368 年）。后毁。

明天顺二年（公元 1458 年），特进荣禄大夫、镇守云南总兵沐琮倡导，由镇守云南太监罗桂出资重造，历时三个月竣工。

金刚宝座塔建在高大方形须弥座石台基上，台基下部中空，四面各有一券拱门，如十字贯通。台基上四周绕以石刻栏杆，上建五塔，四面的塔甚小，中间的塔特别雄大。四小塔形制相同，下为方形束腰须弥座，上置覆钵，覆钵之上有仰莲、八角形石板和八角形石柱，柱顶放一平板，板上置一座小巧的石雕，最上为葫芦形宝瓶。

金刚宝座塔主塔高 16 米，塔下为方形须弥座，座上雕刻五种坐骑动物形象，座四角还各刻有一尊力士像。塔身为覆钵形式，四面置佛龛，内有佛像。塔刹为"十三天"相轮，宝盖上有铜制四大天王，手持宝剑、琵琶、珍珠伞、花狐貂等图案。

金刚宝座塔塔座的西壁上嵌有一方《造塔碑记》，详细记载了此塔的建造经过，是我们研究金刚宝座塔的重要史料。

瑞丽遮勒大金塔

瑞丽遮勒大金塔，位于云南省瑞丽城东 8 公里处遮勒寨遮勒大金塔寺内。

大金塔建造时间不详，但根据考察发现时一座很早的塔。思南王（公元 14 世纪），曾扩建遮勒大金寺，重修大金塔。后又多有重修。

遮勒大金塔，是由大小不同的 17 个尖顶覆钵式塔组成，环聚在一个圆形台座上。中间一塔高达 40 米左右，塔顶和各塔的相轮覆钵都以金包裹，光彩夺目。

大姚白塔

大姚白塔，位于云南省楚雄州大姚县城西文笔峰顶，因塔身抹以白灰，故名"白塔"。又因其形制颇似磬锤，故又称为"磬锤

塔"。

白塔始建于唐代。清道光《云南通志》记载："建于唐时，西域番僧所造。"道光《大姚县志》也载：此塔"相传天宝年间吐蕃所造"。

白塔，为实心砖塔，通高约 16 米，塔身高约 8 米。白塔形制特殊，下为八角形须弥座，八角形柱挺立，渐上渐收。腰部以砖叠涩成檐座，檐座上为圆锥形主体塔身，上大底小，形如磬锤。

1975 年，在维修白塔时，从塔顶顶部发现梵文、汉字印砖，是研究佛教文化的珍贵资料。

2006 年，大姚白塔由国务院公布为全国重点文物保护单位。

云南大观楼

大观楼，位于云南昆明市区西南两公里的滇池岸边的大观公园内，距市中心约六公里，与西山森林公园隔水相望，因其面临滇池，远望西山，尽揽湖光山色而得名。

大观楼临水而建，楼高三层，始建于康熙年间。余嘉华先生主编的《云南风物志》载："康熙二十九年（公元 1690 年），巡抚王继文巡察四境，路过此地，看中这里的湖光山色，命人鸠工备材，修建亭台楼阁……因取名大观楼。"

清道光八年（公元 1828 年），云南按察使翟觐光重修大观楼，将原来的二层增建为三层。咸丰六年（公元 1856 年）云南回民起义反清，大观楼、华严阁等皆毁于战火。同治三年（公元 1864 年）仲冬，云南署提督马如龙捐出重资构材饬工重建，历时两年竣工。

民国初年，大观楼辟为公园，唐继尧曾拨款修葺，并立其铜像于场地正中央；1940年，在楼前池中竖三个白石墩，仿西湖"三潭印月"之景。

大观楼题匾楹联佳作颇多，最著名的当属由清代乾隆年间昆明名士孙髯翁登大观楼有感而作的180字长联，号称"古今第一长联"，垂挂于大观楼临水一面的门柱两侧。

这副长联是这样写道的：

五百里滇池奔来眼底，披襟岸帻，喜茫茫空阔无边。看：东骧神骏，西翥灵仪，北走蜿蜒，南翔缟素。高人韵士何妨选胜登临。趁蟹屿螺洲，梳裹就风鬟雾鬓；更苹天苇地，点缀些翠羽丹霞，莫辜负：四围香稻，万顷晴沙，九夏芙蓉，三春杨柳。

数千年往事注到心头，把酒凌虚，叹滚滚英雄谁在？想：汉习楼船，唐标铁柱，宋挥玉斧，元跨革囊。伟烈丰功费尽移山心力。尽珠帘画栋，卷不及暮雨朝云；便断碣残碑，都付与苍烟落照。只赢得：几杵疏钟，半江渔火，两行秋雁，一枕清霜。

拱辰楼

拱辰楼，位于云南巍山。

拱辰楼是明代蒙化府北门城楼，始建于明代洪武二十三年（公元1390年），距今已有六百多年的历史，"在全国州、府城楼中堪称城楼一等"，是国家级历史文化名城巍山的标志建筑。

据康熙《蒙化府志》载："城围四厘三分，计九百三十七丈，高二丈三尺二寸，厚二丈，砖垛石墙，垛头一千二百七十有七，垛

眼四百三十，建四门，上树谯楼，东曰忠武，南曰迎薰，西曰威远，北曰拱辰，北楼高三层，可望全川，下环月城，备极坚固，城方如印，中建文笔楼为印柄"。

拱辰楼原为三层，明永历四年（公元1650年），守道熊启宇改建为了两层，建于高约九米的砖砌城台上，下为城门洞。

拱辰楼为重檐歇山式建筑，台梁式木结构，面阔5间，计28米，进深4间，计17米。下层四面设回廊，登楼可俯视全城，上檐南北两面分别悬挂有清代乾隆三十六年（公元1771年）蒙化府同知康勷提书的"魁雄六诏"和清乾隆五十年（公元1785年）蒙化直隶厅同知黄大鹤提书的"万里瞻天"字匾，二匾气势磅礴，笔力遒劲。

拱辰楼建筑用料粗大，无斗拱及雕饰，上层四周使用了檐柱悬空立于下层梁架之上，使得上层面宽加大，加之屋面起山甚小，四翼角出檐长，反翘小，使得整个建筑古朴雄伟，简练浑厚，是云南省保存年代最久和最完整的古代城楼。

1993年11月，拱辰楼由云南省人民政府公布为云南省文物保护单位。

浙江省

三癸亭

三癸亭，坐落在浙江省湖州市西郊妙峰山东侧的山冈上。

三癸亭始建于唐大历八年（公元773年）十月，是湖州刺史颜真卿为陆羽而建的，落成之日为癸丑年癸卯月癸亥日，因而名为"三癸亭"。

原亭早已废圮，现在的三癸亭是1993年湖州陆羽茶文化研究会在市政府同意和有关方面支持资助下重建的。

杭州放鹤亭

杭州放鹤亭，坐落在浙江杭州孤山东北麓赏梅胜地，是为纪念北宋诗人林和靖而建。

林和靖在孤山北麓结庐隐居，终生没有娶妻、也不出仕，平时除了吟诗绘画外，还喜欢种梅养鹤，以梅为"妻"，以鹤为"子"，有"梅妻鹤子"之说。他死后便葬在孤山北麓。传说他养的那只鹤也在墓前悲鸣而死，人们将它葬于墓侧，取名"鹤冢"。

最早的放鹤亭为元代郡人陈子安所建，明嘉靖年间钱塘县令王代又加以扩建。现在的放鹤亭是1915年重建的。

放鹤亭平台宽阔，栏杆精巧；亭内有三幅楹联，一曰"水青石出鱼可数，人去山空鹤不归"，一曰"山外斜阳湖外雪，窗前流水枕前书"，点明放鹤亭景物；还有一副林则徐书写的"世无亦草能真隐，山有名花转不孤"含意幽深，令人不胜揣摩。亭四周边阴刻云、龙、火焰、宝珠为装饰，具有较高的观赏价值。

放鹤亭内石壁有《舞鹤赋》行书刻石一块，面朝东北，长方形，通高两米多，宽约3米，上由巨樟覆盖，其前构筑石栏，面临西湖。碑文取自南北朝鲍照作的《舞鹤赋》，全赋466字，栩栩如生地描绘

了鹤的美丽动人的形象和能歌善舞的才能，为清康熙三十八年（公元1699年），康熙帝南巡杭州至此，临摹明代书法家董其昌手迹所书。碑上还有"康熙御笔之宝"、"万岁作暇"等三印，颇具艺术价值。

放鹤亭一带是西湖孤山赏梅胜地，左右已广植腊梅，一直延伸到西泠桥塬。每到严冬早春，寒梅怒放，清香四溢，成为一片香雪海。这里曾被誉为"梅林归鹤"，是清代"西湖十八景"之一。

护碑亭

护碑亭，位于浙江省普陀山南麓山门东侧。

1974年为保护同刻在阴阳两面的唐颜真卿书"逍遥楼"和宋李彦弼的《湘南楼记》珍贵石刻而兴建，故名"护碑亭"。因"逍遥楼"出自大家手笔，广为人知，碑亭又被称作"逍遥亭"。

护碑亭高约5米，长约7米，深约5米，面积30多平方米，为钢筋水泥结构的四柱、单檐、绿瓦仿古建筑，简朴、典雅，不与名碑争胜，兼有护碑、会景的作用。步入碑亭，欣赏书法艺术，浏览方志资料，兼得园林胜景之趣，实在是赏心的乐事。

湖心亭

湖心亭，位于浙江杭州外西湖中心，与安徽醉翁亭、北京陶然亭、湖南爱晚亭齐名，被誉为"中国四大历史名亭"。

宋、元时曾有湖心寺，后倾圮。明代有知府孙孟建"振鹭亭"，后改"清喜阁"，这是湖心亭的前身。

清雍正《西湖志》卷九："亭在全湖中心，旧有湖心寺，寺外三塔，明孝宗时，寺与塔俱毁。聂心汤《县志》称：湖心寺外三塔，其中塔、南塔并废，乃即北塔基建亭，名湖心亭。复于旧寺基重建德生堂，以放生之所。据此，则旧湖心寺乃今放生池，而今之湖心亭，乃三塔中北塔之基地。清康熙三十八年圣祖仁皇帝御书'静观万类'四字，又于阁上御书'天然图画'额。雍正五年重加增葺。"《湖山便览》卷三："明万历四年按察佥事徐廷裸重建，额曰'太虚一点'，司礼监孙隆叠石四周，广其址，建喜清阁，但统称曰'湖心亭'。国朝重加葺治，左右翼以雕阑，上为层楼……。"

清乾隆二十七年（公元 1762 年），乾隆帝御书"光澈中边"额。

抗日战争杭州沦陷时，"喜清阁"楼屋旧址改建为"财神殿"。抗战胜利后又改为"观音大士殿"。1953 年在观音殿殿址上新建起一座重檐歇山琉璃瓦钢砼方亭，即为"湖心亭"，是 20 世纪 50 年代建设西湖风景名胜中第一所庭园建筑。1980 年在亭的南端，刻置"虫二"太湖石碑一块。

在湖心亭极目四眺，湖光皆收眼底，群山如列翠屏，这在西湖十八景中被称为"湖心平眺"。

兰　亭

兰亭，位于浙江绍兴西南关渚山下。

兰亭历史悠久，1600 多年来，地址几经变迁，现在的兰亭是明朝嘉靖二十七年（公元 1548 年），由郡守沈启主持，从宋兰亭遗址——天章寺迁移到此，期间几经兴废。

清康熙三十二年（公元 1693 年），康熙御笔《兰亭集序》勒石，上覆以亭。清康熙三十四年（公元 1695 年），知府宋骏业主持重修。

清嘉庆三年（公元 1798 年），知县伍士备，偕绅士吴寿昌、茹菜等筹资重修兰亭、曲水流觞处、右军祠等。

兰亭因晋代书法家王羲之的《兰亭序》而名扬四海，但对于兰亭地址的说法，各地不一。

王羲之的《兰亭集序》也仅仅说："会于会稽山阴之兰亭"，究竟在会稽山山脉在何处？也并没有确指。

郦道元在《水经注·浙江水注》说："浙江东与兰溪合，湖南有天柱山，湖口有亭，号曰兰亭，亦曰兰上里。太守王羲之、谢安兄弟，数往造焉。吴郡太守谢勖封兰亭候，盖取此亭以为封号也。太守王羲之移亭在水中。晋司空何无忌之临也，起亭于山椒，极高尽眺矣，亭宇虽坏，基陛尚存。"这里讲的湖指鉴湖，兰溪，即指兰亭溪，但当时的鉴湖范围很大，曾流域兰渚山。从这则记载可知：兰亭在晋宋时已数次迁移。

还有一些关于兰亭的记载也让我们猜测不断，比如：

《寰宇记》卷九十六，越州条目中引顾野王《舆地志》曰："山阴郭西有兰渚，渚有兰亭，王羲之谓曲水之胜境，制序于此。"可见兰亭在湖中。

宋·叶廷珪《海录碎事·地理下·陂泽门》卷三曰："山阴县西南有三十里有兰渚，渚有亭曰兰亭羲之旧迹。"可见宋时，兰亭也在湖中。

《嘉泰会稽志》卷九曰："兰渚山在县西南二十七里，王右军《从修禊》云：'此地有崇山峻岭，茂林修竹'。"从《嘉泰会稽志》记载来看，兰亭在兰渚山一带，当时鉴湖在兰渚山一带的流域湮废，兰亭已不在湖中。

吕祖谦《东莱吕太师文集》中有《入越记》一篇，曰："十里含晕桥亭，天章寺路口也，才穿松径至寺，晋王羲之之兰亭。"吕祖谦是以天章寺为兰亭故址的。

另据《嘉庆山阴县志》卷七记载："明嘉靖二十七年（公元1548年）郡守沈启移兰亭曲水开天章寺前"，又记载："康熙十二年（公元1673年），知府许宏勋重建，三十四年（公元1695年），奉敕重建，有御书《兰亭诗》，勒石于天章寺侧，上覆以亭；三十七年（公元1698年）复御书'兰亭'两大字悬之。"

现在的兰亭四周崇山峻岭，茂林修竹，浅溪淙淙，幽静雅致。园内"鹅池"、"曲水流觞"、"兰亭碑"、"御碑亭"、"右军祠"等建筑精巧古朴，是不可多得的园林杰作。

曝书亭

曝书亭，位于浙江嘉兴郊区王店镇广平路南端。

曝书亭始建于清康熙三十五年（公元1696年），距今已有300多年历史。

曝书亭为木构建筑，攒尖顶形式。亭面北，两面青石柱上镌有集杜甫诗句的槛联，原为汪揖书，重修时阮元据以摹写，联为："会须上番看成竹，何处老翁来赋诗"。亭石柱上还刻有阮元重修曝书亭

时，和朱彝尊词所作的《百字令》，及当时嘉兴知府满族诗人伊汤安的和作，书迹和词句都很精美。

曝书亭质朴淡雅、疏密有致，别有特色，被国内园林建筑专家重视。

风雨亭

风雨亭，位于浙江省绍兴市府山西南峰，可俯瞰当年拘押秋瑾的典史署。亭名取秋瑾绝命词"秋雨秋风愁煞人"之意。

风雨亭始建于 20 世纪 30 年代初，为八角攒尖顶，正面（东面）上方悬田桓手书"风雨亭"匾，两边柱子上刻有伟大的革命先行者孙中山挽女侠的对联："江户矢丹忱，感君首赞同盟会；轩亭洒碧血，愧我今招侠女魂。"

风雨亭在新中国成立后几经修葺，四周广植花木，苍重翠叠，郁郁葱葱。站在亭前，极目远眺，绍兴城的全貌尽收眼底。

风波亭

风波亭，位于杭州钱塘，原是南宋时杭州大理寺（当时的最高审判机关）狱中的亭名。800 多年前，南宋爱国将领岳飞被奸相秦桧以谋反的罪名在此地被杀害。此后，风波亭因为经历战火，而被焚毁。

现在的风波亭是杭州市政府在充分听取多方面的意见后，按照宋代样式和风格在钱塘门附近重建的风波亭，使我们记住岳飞的历史价值。

六和塔

六和塔，位于浙江省杭州钱塘江北岸月轮峰上。

六和塔始建于北宋开宝三年（970 年），钱弘椒所造，建塔的目的是为了镇压江潮。宣和三年（1121 年），六和塔毁于兵火。南宋绍兴二十六年（1156 年）重建，乾道元年（1165 年）全部竣工。

六和塔六和塔塔身 9 层，高 50 余丈，腾空突起，跨陆俯川。塔顶层装置明灯，为夜航船只指南。

六和塔 13 层木檐，重建于清光绪二十六年（1900 年），内有 6 层已封闭，剩 7 层可与塔身内部相通。

六和塔自外及里，可分外墙、回廊、内墙和小室四个部分，形成内外两环。内环为塔心室，外环为厚壁，中间夹以回廊，楼梯置于回廊之间。外墙的外壁，在转角处设倚柱，并联结木檐。墙身四面壁门，墙厚四米多。

六和塔甬道两侧有壁龛，壁龛下部做成须弥座。穿甬道而过，内为回廊、内墙四边辟门，另四边为壁龛，相间而成。壁龛内嵌有《四十二章经》石刻。中心小室原为供奉佛像的地方，仿木建筑，非常讲究。

六和塔所有壸门均线条流畅，是南宋时期典型做法。塔身第七层和塔刹为元代重修。

六和塔中须弥座上砖雕约二百处：有斗艳争妍的石榴、荷花、宝相；有展翅飞翔的凤凰、孔雀、鹦鹉；有舞腾跳跃的狮子、麟麟、棱猊；还有昂首起舞的飞仙、嫔伽等。

联魁塔

联魁塔，位于浙江省富阳市新登镇，是贤明山的标志性建筑。

联魁塔又名"贤明塔"、"联奎塔"，始建于明万历四十六年（公元1618年）。清道光二年（公元1822年），知县武新安曾重修此塔。武新安《重修贤明山联奎塔记》叙其始末，说他初见此塔，"见危石岩岩欲坠，不得上，即心欲新之。"到壬午岁，筑学山精舍，延师课多士馆，开门见山而塔之与接。

"日家谓塔居离宫有文明象焉，宜新之；形家谓塔如卓笔横扫千军锋须锐焉，宜新之；望气者又谓为国培才必先培其钟灵秀者，宜新之。"武氏虽不信日家之流，但作为地方官的责任，"塔虽圮而未废，张而相之可也"，于是"庀材鸠工，谋所以治之"，在道光二年（公元1822年）六月动工，"阅月告成"。

联魁塔塔身全部用大青石砌成，六面九层。底层每面阔约三米，东西两面各有一门；第二层至第九层，每层对开两窗；塔顶作双覆盆，上加塔刹，四相轮葫芦顶。全塔统高23米，外观宏伟，是古塔建筑中石塔营造法式的代表作。

联魁塔现为省级文物保护单位。

雷峰塔

雷峰塔，位于浙江省杭州西湖南岸南屏山麓。南屏山有一支余脉，奇峰突起，原名"中峰"，又名"夕照山"，海拔约85米。据《临安府志》记载，从前有位雷姓人在此隐居，故而又称作"雷峰"。雷峰塔因位于雷峰之上而得名。

雷峰塔建于公元975年，当时吴越王钱弘俶为庆贺其宠妃黄氏得子而建，所以又称"黄妃塔"。

据《西湖游览志》载：吴越王妃于此建塔，始以千尺十三层为率，寻以财力未充，姑建七级，后复以风水家言，只存五级，俗称王妃塔。

雷峰塔是一座八角五层的砖木混合结构楼阁式塔。塔身砖砌，塔檐、平座、游廊、栏杆等为木构。塔内八面有《华严经》石刻。塔下供有十六尊金刚罗汉，后移往了净慈寺。

雷峰塔屡次遭到毁坏。明嘉靖年间（公元1522—1566年），倭寇侵入杭州，一把火将雷峰塔塔檐、平座、栏杆、塔顶全部烧光，只残留砖体塔身。其后，又遭到其他的一些破坏，于1924年9月轰然坍塌。

2000年，雷峰塔在原址复建，以南宋雷峰塔为形象依据，建八角五层阁楼式塔，须弥座石台阶，底层带副阶，通高71米。

重建后的雷峰塔各层覆盖铜瓦，飞檐翼角下悬挂铜铃。塔身第二层以上每层都有外挑平座，绕塔成檐廊。塔心采用钢结构，对雷峰塔遗址进行架空保护。塔内中央部位设置垂直升降式电梯。雷峰

塔第五层是全塔最高层，穹顶安放着阿育王塔，中心是一朵硕大水晶莲花。

保俶塔

保俶塔，位于浙江省杭州市西湖北岸宝石山上。

保俶塔，原名"应天塔"，始建于北宋开宝年间（公元 968—975 年）。宋咸平年间（公元 998—1003 年）重建。后又屡毁屡修。清乾隆五十四年（公元 1789 年）在塔下发现了一块吴延爽造塔记的残碑。现存之塔为 1933 年重修。

保俶塔为楼阁式砖木混合实心结构，八面七层，高约 46 米，塔刹铁构件为明代遗物。1993 年修葺时，将明代铁铸塔刹更换，陈列于塔旁。

飞英塔

飞英塔，位于浙江省湖州市东北隅。

飞英塔原在湖州飞英寺西侧舍利石塔院内。据宋《嘉泰吴兴志》地方志记载，唐咸通中，僧云皎游历长安，得僧伽所授"舍利七粒及阿育王饲虎面像"，归来后建石塔藏之，名"上乘寺舍利石塔"。后因有传闻"神光现于绝顶"，北宋开宝年间（公元 968—975 年）在石塔外增建木塔，从而成为"塔里塔"。据称建外塔缘由取佛家

"舍利飞轮,英光普照"语,故名"飞英塔"。

飞英塔始建于唐中和四年(公元884年)。南宋绍兴二十年(公元1150年)时遭雷击被焚。南宋绍兴二十四年(公元1154年)重建内塔。南宋端平元年(公元1234年)也重修外塔。后屡经修缮。

1929年,外塔塔顶倒塌,使内外塔遭到毁损。1982年对飞英塔进行全面修葺。

飞英塔内塔为八面五层仿木构楼阁式,残高约15米,由100余块青白石雕凿砌叠而成。因有内塔,所以四层以下中空,上面三层统设楼面。塔下基座刻有"九山八海",上置须弥座,雕刻仰莲、覆莲、缠枝花卉等图案。束腰雕有狮子图像。

飞英塔塔身,每层有平座、腰檐斗拱和塔檐等。塔身各面均刻壶门状壁龛,内雕佛传故事及千佛像。

飞英塔共有佛像1000多尊,两侧抱框镌刻祈愿文题记30余条,达1400多字。

1982年修葺时发现嵌螺钿经、《妙法莲花经》、七曲银盒、西方三圣鎏金铜像等一批五代及南宋时候的珍贵文物。

1988年,飞英塔由国务院公布为全国重点文物保护单位。

八千卷楼

八千卷楼与陆心源"皕宋楼"、翟绍基"铁琴铜剑楼"和杨以增"海源阁"合称清末四大藏书楼。

八千卷楼是中国清代杭州丁国典修建的私人藏书楼,因慕其远祖丁颢曾藏书8000卷,故名为"八千卷楼"。至其孙丁丙,搜罗的

浙·江·省

书籍更加丰富，又增建了"后八千卷楼"与"小八千卷楼"，聚书1万多种、20余万卷。八千卷楼除有宋本四十种左右、元本约百种之外，明刻精本、《四库全书》底本、名人稿本和校本、日本和朝鲜所刻汉文古籍等也较多。

光绪三十四年（1908年）丁氏后人将全部藏书低价出售给了江南图书馆，后藏于南京图书馆，至今完好无损。

烟雨楼

烟雨楼，位于浙江嘉兴。

烟雨楼始建于五代后晋时期（公元937－940年），是吴节度使广陵工钱元臻作为登眺之所而筑的，其时并无"烟雨楼"之名。

据《至元嘉禾志》载，烟雨楼三字始见于南宋吴潜《水调歌头·题烟雨楼》词。明嘉靖二十八年（公元1549年），嘉兴知府赵瀛征夫修城河，运土填南湖成湖心岛，第二年在岛上依原貌重建烟雨楼。后几度修葺，至明末楼毁，清初再建。

乾隆帝南巡时，烟雨楼改建为南向而北负城郭的楼阁。乾隆六下江南，多次登烟雨楼，一再赋诗，备致赞赏，曾亲画烟雨楼图。刻石置于楼中，并照此楼的样式在热河承德避暑山庄的青莲岛上仿建一所楼阁，亦名"烟雨楼"。清同治初年，烟雨楼毁于战火，直到民国七年（1918年）才重建主楼，形成现在的格局。

烟雨楼坐南朝北，楼高达30余米，有二层双重檐，底层用大砖石垒成，基础牢固，结构轻举；楼的前檐上有董必武手书"烟雨楼"三字横额，笔力苍劲。登楼可着到东南岸停着一只中型游船，这就是中共"一大"的纪念船。

烟雨楼楼南拓台为"钓鳌矶",楼北是后院,假山耸峙,一派越国风情。院西有"宝梅亭",亭内有元朝四大家之一的吴镇画竹石刻及历代名人诗画碑。

玉海楼

玉海楼,位于瑞安古城东北隅,是浙江四大著名藏书楼之一。

玉海楼是清光绪十四年(公元 1888 年),太仆寺卿孙衣言、孙诒让父子所建,因羡慕宋王应麟博览群书,遂以其巨著《玉海》为这座楼命名,以示藏书"如玉之珍贵,若海之浩瀚"。

玉海楼占地面积 8000 平方米,南北朝向,在东西三条轴线上分别排列玉海书楼、百晋陶斋、居室、后花园。

玉海楼台门石额"玉海楼书藏"为礼部侍郎顺德李文田书,石联"玉成桃李,海涌波澜"为郭沫若题。

玉海楼主体建筑分前后两进,结构形式相同,均为木构的五间重楼。底层进深六间,前后为廊。楼层原为保藏书籍之处,进深四间。

玉海楼在开初藏书八九万卷,以多名家批校本、多孙氏父子手批校本、多乡邦文献而闻名于世,订有《藏书规约》16 条,管理严格。后来古籍渐有散失。现藏书 3 万多册,其中珍善本 4000 册。

1996 年,玉海楼由国务院公布为全国重点文物保护单位。

八咏楼

八咏楼，位于位于浙江省金华市城区八咏路。

八咏楼，原名"玄畅楼"，后改名"元畅楼"，始建于南朝。南宋淳照十四年（公元 1187 年）扩建。元皇庆年间（公元 1312 – 1313 年）毁于大火。

明洪武五年（公元 1372 年），在八咏楼废址建"玉皇阁"，后玉皇阁毁。万历年间（公元 1573—1620 年）重建八咏楼。清嘉庆年间（公元 1796—1820 年）重修。1984 年大修。

八咏楼坐北朝南，面临婺江，楼高数丈，屹立于石砌台基上，有石级百余。现存建筑共四进，建在高约 9 米的石砌台基上，依次为楼阁、前厅、二厅和楼屋。楼阁为重檐歇山屋顶，翼角起翘。

瑞云楼

瑞云楼，位于浙江余姚城西北武胜门路。

瑞云楼建于明代前期，占地近 5000 平方米，历经五六百年，至今保存着原有格局，头门、二门、仪门、正厅大致完整。其中的砖雕仪门，精雕细刻，工艺精湛细腻，体现了当时砖雕技艺的高超水平；正厅为三间开面，房架高敞，用材粗大稳实，不施雕刻彩漆，朴实庄重，是较为典型的明代建筑。

瑞云楼正门上方挂有一匾，上写"真三不朽"，是对心理学大师王阳明一生在立德、立言、立功三个方面的确切评价。厅内悬挂王阳明先生半身中堂画像，上方高悬三块匾额，分别题写着："吾心光明"、"文以载道"、"斯文千载"，表露着后人对王阳明先生的推崇。

瑞云楼第四进后楼，七开间两层，现布置有《王阳明史迹陈列》展览，展示了王阳明先生楷、行、草等多种书体法墨迹以及最早的王阳明著作版本明隆庆刻本《王文成公全书》。

天一阁

天一阁，位于浙江宁波市区，是我国现存最古老的私人藏书楼，也是世界上现存历史最悠久的私人藏书楼之一。

天一阁始建于明嘉靖四十年（公元 1561 年），建成于明嘉靖四十五年（公元 1566 年），由当时退隐的兵部右侍郎范钦主持建造，成为他的私人藏书处。

天一阁占地面积 26000 平方米，作为清代江南地区最负盛名的藏书楼，天一阁的命名、构造及藏书方法都独具匠心。

其阁名源于汉郑玄《易经注》中"天一生水，地六成之"的说法，寄寓以水克火之意。

其建筑则是一座重檐硬山顶、砖木结构、六开间的二层小楼，楼下六间一字排开，分别加以隔断；楼上则西侧为楼梯间，东侧一小间空置不用，居中三大间合而为一。即以楼下隔断为六间，楼上通为一大间的建筑格局，来体现"天一生水，地六成之"的寓意。

在建筑物的装饰上，天一阁也具有独特之处，特别在阁顶及梁

浙·江·省

柱上装饰有青、绿二色的水锦纹和水云带，还专门在阁前凿池蓄水，以防不测。

天一阁典籍的收藏更是极为讲究。据当时奉命前往查看的杭州织造寅著所言："阁共六间，西偏一间安设楼梯，东偏一间以近墙壁，恐受湿气，并不贮书。惟居中三间，排列大橱十口，内六橱前后有门，两面贮书，亦为可以透风。后列中橱二口，小橱二口，又西一间排列中橱十二口，总计大小书橱共二十六口。"可见天一阁不仅藏书丰富，更注重对书的保护。

可以说，天一阁的命名、规制和庋藏，都完美地体现了防火的理念和藏书的功能。

天一阁是一个以藏书文化为核心，集藏书的研究、保护、管理、陈列、社会教育、旅游观光于一体的专题性博物馆。现在天一阁的珍藏古籍达三十余万卷，其中，珍椠善本八万余卷，除此，还收藏大量的字画、碑帖以及精美的地方工艺品。设有《天一阁发展史陈列》、《中国地方志珍藏馆》、《中国现存藏书楼陈列》、《明清法帖陈列》等陈列厅，书画馆常年开展各种临时展览和文化交流活动。

天一阁分藏书文化区、园林休闲区、陈列展览区。以宝书楼为中心的藏书文化区有东明草堂、范氏故居、尊经阁、明州碑林、千晋斋和新建藏书库；以东园为中心的园林休闲区有明池、假山、长廊、碑林、百鹅亭、凝晖堂等景点；以近代民居建筑秦氏支祠为中心的陈列展览区，包括芙蓉洲、闻氏宗祠和新建的书画馆。书画馆在秦祠西侧，粉墙黛瓦、黑柱褐梁，有宅六栋，曰："云在楼，博雅堂，昼锦堂，画帘堂，状元厅，南轩。"与金碧辉煌的秦祠相映照。

1982年3月，天一阁由国务院公布为全国重点文物保护单位，2007年又公布为全国重点古籍保护单位。

千佛阁

千佛阁，位于浙江嘉兴市海盐武原镇天宁寺。

千佛阁始建于唐大历三年（公元768年），元末毁。明洪武元年（公元1368年）梵琦禅师发宏愿重建宝阁，并铜铸千佛供奉。后佛阁圮。明崇祯元年（公元1628年）又重建。清乾隆、同治间重修。1984年重行修复。

千佛阁占地约800平方米，坐北朝南，面阔五间，通面宽约28米，进深17米，高22米。上下两层，重檐斗拱，重檐为歇山顶，斗栱为五铺，柱侧脚略起翘。台基为须弥座。西侧束腰有明崇祯"本山重筑石台记"。

千佛阁的须弥座和梁、枋、斗拱等处，都有花卉、动物等各种图案木雕、石雕，共计三百余幅，具有较高的观赏价值。

朝阳阁

朝阳阁，位于浙江省舟山市普陀山。

朝阳阁，又称"观日阁"，建在朝阳洞的正上方，濒临浩瀚的大海，飞檐翘角，金碧辉煌。

朝阳阁阁高18米，长宽各12米，依山起势，颇为壮观。阁内三层，设购物、休息、观海三个大厅；四壁陈列的"三十二观音"

画像，线条流畅，形象生动。

朝阳阁一、二层设根雕艺术馆，展示大、小观音佛像根雕百余尊，为海天佛国——浙江新增了一道独特的景观。

文澜阁

游·遍·亭·塔·楼·阁

YOU BIAN TING TA LOU GE

文澜阁，位于在浙江杭州西湖孤山。

文澜阁所在地原为清康熙行宫，雍正五年改为圣因寺，乾隆十六年分其为二，复建行宫。清乾隆四十九年（公元1784年），为收藏《四库全书》建成文澜阁。咸丰十年、十一年（公元1860年、公元1861年）因太平军起义，部分建筑被毁坏。光绪六年（公元1880年）开始重建，并把散失、残缺的书籍收集、补抄起来。光绪七年（公元1881年）增建二宫门等。

辛亥革命后又几经补抄，终于使文澜阁的《四库全书》恢复旧观。建国以后，书阁经过多次修缮，面貌一新。

文澜阁是一处典型的江南庭院建筑，主要特点是顺应地势的高下，适当点缀亭榭、曲廊、水池、叠石之类的建筑物，并借助小桥，使之互相贯通。园内亭廊、池桥、假山叠石互为凭借，贯通一起。

文澜阁主体建筑仿宁波天一阁，是重檐歇山式建筑，明两层实三层，中间有一夹层。东南侧有碑亭一座，碑正面刻有清乾隆帝题诗，背面刻颁发《四库全书》的上谕。东侧亦有碑亭一座，碑上刻清光绪帝题"文澜阁"三字。

2001年6月25日，文澜阁作为清代古建筑，国务院公布为全国重点文物保护单位。